과학 교과서가 쉬워지는

과학책
도서관

과학 교과서가 쉬워지는

과학책 도서관

초판 1쇄 인쇄일 2011년 11월 29일
초판 3쇄 발행일 2013년 11월 20일

글 김명미, 장서영 **그림** 순미
펴낸이 김종길 **책임편집** 이송이
편집부 임현주·이은지·이경숙·홍다휘 **디자인부** 정현주·박경은
마케팅부 김재룡·박용철 **홍보부** 윤수연 **관리부** 이현아
펴낸곳 글담출판사 **등록번호** 009.12.30. 제2009-27호
주소 (121-840)서울특별시 마포구 양화로 12길 8-6 (서교동) 대륭빌딩 4층
전화 (02)998-7030 **팩스** (02)998-7924
페이스북 http://www.facebook.com/geuldam4u
블로그 http://blog.naver.com/geuldam4u **이메일** bookmaster@geuldam.com

ISBN 978-89-93870-22-0 13300
책값은 표지에 있습니다.

이 도서의 국립중앙도서관 출판시도서목록(CIP)은 e-CIP 홈페이지(http://www.nl.go.kr/ecip)에서
이용하실 수 있습니다. (CIP제어번호 : CIP2011004923)

과학 교과서가 쉬워지는

과학책
도서관

김명미, 장서영 글 | 순미 그림

글담어린이
geuldamchild publishing

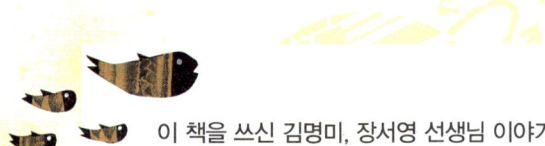

과학책 도서관에 온 걸 환영해!

"선생님, 과학 공부를 왜 해야 해요? 어렵기만 하고 쓸 데도 없잖아요."

한 어린이가 과학 공부를 하다가 어려웠던지 하소연을 하더구나. 무엇이 얼마나 어려우면 이런 투정을 다 할까 싶어서 공부하는 책을 보니 어떤 식물의 뿌리는 수염뿌리고, 어떤 식물은 줄기가 덩굴이고, 어떤 식물은 꽃이 통꽃이고 이런 내용이더구나. 그 어린이는 듣지도 보지도 못한 식물들의 뿌리가 어떻고, 꽃이 어떻다는 것을 배우고 기억해야 하는 것이 너무나도 어려웠던 모양이야.

그런데 옛날에 우리가 이런 것을 배울 때는 전혀 어렵지 않았단다. 그 이유는 학교에서 배우기 전에 이미 보고, 만지는 경험을 해서 알고 있었기 때문이었어. 어렸을 때 매일 강에서 송사리를 잡고, 동산에서 풀잎을 뜯어 소꿉놀이도 하고, 풀벌레들을 잡으면서 놀았지. 집 앞마당에는 봉선화, 맨드라미, 채송화 같은 꽃도 잔뜩 심었어. 그러니까 학교에서 곤충이나 식물에 대해 배울 때는 이미 알고 있던 내용들을 확인하는 것이나 마찬가지니까 얼마나 쉽게 머리에 쏙쏙 들어왔겠니. 하지만 요즘 어린이들이 이런 경험을 하기는 쉽지 않겠지? 단지 교과서 속에서 보는 사진 몇 장과 설명만으로 공부해야 하니 과학이 정말 어려울 거야.

과학 공부를 재미있고 쉽게 하기 위해서는 많은 것을 직접 경험하는 것이 가장 좋지만 그렇지 못하다면 과학책을 많이 읽는 것이 다음으로 좋은 방법이야. 그래서 이 책을 쓰게 되었단다. 책 속에는 초등학교 교과서에서 배우는 내용의 배경지식을 얻기에 딱 좋은 책 25권을 골라 놓았어. 이 책들을 읽고 나면 학교에서 과학을 배울 때 '어? 책에서 읽은 내용이네.' 하고 반가울 때가 많을 거야. 이렇게 공부할 때 내가 아는 내용이 나오면 아무리 어려운 과학이라도 선생님 설명과 책 속 내용이 술술 잘 이해될 거야.

여기 소개된 책들을 당장 읽고 싶은 마음이 굴뚝같지? 잠깐 기다리렴. 이왕이면 이 책들을 효과적으로 잘 읽는 방법을 알고 읽었으면 하는 마음에 각 책마다 책 읽는 방법을 소개했으니 꼭 읽어 본 후 책을 읽도록 해. 동화책을 읽을 때와 달리 과학책을 읽을 때는 그 속에 숨어 있는 보물들을 놓치지 않겠다는 자세가 필요해. 한 손에는 연필을 들고 새로 알게 된 보물들에 표시를 하는 거지. 그리고 가끔 어려운 내용이 나오더라도 포기하지 않고 읽어 가는 인내심도 있어야 해. 설마 조금 어렵다고 해서 책을 덮어 버리지는 않겠지? 혹시 그런 마음이 조금이라도 생길까 봐 걱정이라면 안심하도록 해. 조금 버거운 책을 포기하지 않고 읽는 방법까지도 친절하게 안내했단다.

아무쪼록 이 기회에 어렵다고 밀어 두었던 과학책들이 제법 재미있다는 것을 알 수 있게 되기를, 더불어 교과서 속 과학과도 친해지길 바라. 반짝이는 눈으로 책에 폭 빠져 있을 너희들의 모습을 기쁜 마음으로 지켜보고 있을게.

김명미, 장서영 선생님이

배경지식은 공부가 재미있어지는
가장 큰 재산이란다!

6학년 아이들과 과학 시간에 지레의 원리를 공부할 때 있었던 일이야.

어떤 아이가 손을 들고 물었어.

"선생님, 아르키메데스라는 과학자는 엄청나게 큰 지렛대를 주면 지구를 들어 보겠다라는 말을 했다는데 이것이 가능한 일일까요?"

이때 이 질문을 들은 다른 아이가 손을 들고 반론을 재기했어.

"선생님, 아르키메데스가 한 말은 현실적으로 불가능한 일이에요."

그 사실을 어떻게 알았냐고 물으니 책에서 봤다고 했어. 두 아이에게 책에서 본 내용을 자세히 캐물으니 질문을 한 아이는 과학자가 소개된 책에서 아르키메데스와 관련된 일화를 보았다고 했고, 반론을 한 아이는 지구에 대한 책을 통해 지구의 질량 때문에 지렛대를 이용해 지구를 들 수 있다는 아르키메데스의 가정은 불가능하다는 사실을 알았다고 하더구나.

두 아이 덕분에 다른 아이들도 호기심에 가득 차 눈이 반짝였지. 배경지식의 힘이란 바로 이런 것이란다. 그날 처음 지레의 원리를 접한 아이들에 비해 두 아이는 수업 참여도가 훨씬 높았어. 뿐만 아니라 자신이 알고 있는 정보를 확인하려는 의지가 강하고 궁금증을 적극 해결하고자 하는 행동을 보였지. 두 아이의 이런 행동

덕에 다른 아이들까지도 지레의 원리를 공부하면서 '아르키메데스'라는 과학자와 '지구의 질량'이라는 새로운 과학 지식들이 더해진 셈이야.

　실제로 이 두 아이는 평소 과학 과목에 흥미가 매우 높고 과학을 잘하는 학생들이란다. 호기심과 탐구심이 높고 그 바탕에는 평소 다른 책뿐만 아니라 과학과 관련된 책을 많이 읽는다는 공통점이 있지. 과학 관련 책을 많이 읽으면 과학에 대한 배경지식이 많아져 과학 수업이 재미있어진다는 말을 몸소 보여 준 셈이야.

　문제는 과학 관련 책이 너무 많아서 무슨 책을 어떻게 읽어야 하는지가 중요해. 이 책은 여기에 대한 해답을 제공하고 있어. 3~6학년 과학 시간에 배우는 내용들과 직접적인 관련이 있고 초등학생이면 꼭 알아야 하는 내용의 과학책 25권을 소개하고 있어. 그리고 각각의 책들을 가장 효과적으로 읽을 수 있는 방법을 알려 준단다. 여기에 소개된 읽기법을 잘 익혀 두고 과학 교과서를 공부할 때도 잘 활용해 보렴.

　특히 아이들이 많이 어려워하는 화학과 물리 단원과 연관된 책들은 미리 읽어 두는 것만으로도 수업 시간에 큰 도움이 될 거야. 또 단지 지식을 얻기 위해서 뿐만이 아니라 지구 환경을 지키고 생명을 소중히 하는 책들을 소개한 점도 높이 평가하고 싶구나.

서울동산초등학교 교사 송재환

특별한 읽기 방법으로
나만의 학습 전략을 세워 보렴!

초등학교 선생님이 된 이후 여러 학년의 학생들을 가르치면서 깨닫게 된 사실이 하나 있단다. 2학년 때까지는 대부분의 학생들이 공부를 잘하고 재미있어 하는데 3학년이 되면서부터 점점 공부를 어려워하는 친구들이 생기기 시작한다는 거야. 그 이유 중 하나가 과학 때문이란다.

3학년 때부터 수업 시간에 과학을 배우는데 이때 공부에 어려움을 느끼면 결국 학습에 흥미를 잃게 되는 경우가 생기더구나. 과학이 어렵다고 고개를 절레절레 흔드는 너희들을 보면서 평소에 참 안타까웠는데 이 책을 보고 참 반가웠단다. 너희들이 다시금 과학에 흥미를 가질 수 있도록 안내해 주는 길을 찾은 것 같아서 '옳다구나!' 하고 무릎을 딱 쳤어.

과학책으로 흥미를 높이고 배경지식을 쌓아 두는 일은 과학을 공부하는 데 많은 도움이 된단다. 특히 이 책에서 소개된 대부분의 책들이 3학년부터 6학년 과학 시간에 배우는 내용과 직접적으로 연관된 것들이라 미리 읽어 두면 수업 시간이 즐거워질 것 같구나. 어디선가 한번 본 내용을 교과서에서 보게 되면 전에 읽었던 경험이 떠오르고, 그때 내가 본 내용과 맞는지 확인하고 싶어지지 않겠니? 그러면 당연히 공부할 흥미도 더욱 생길 수밖에. 꼭 과학뿐만이 아니야. 요즘은 교과서가 통합

되어 있어서 이 책에 소개된 책을 통해 만나는 속담이나 인물들은 다른 과목을 공부할 때도 도움이 될 거야.

무엇보다 감탄했던 것은 과학책 속에 들어 있는 지식과 정보를 효과적으로 읽을 수 있는 방법이 소개되어 있다는 점이야. 질문을 하며 읽기, 그림의 도움을 받으며 읽기, 배경지식을 동원하며 읽기, 연필 들고 적극적으로 읽기 등 이 책에 소개된 과학책 읽기의 구체적인 방법은 어려운 정보를 얻을 수 있는 나만의 학습 전략이 되기도 해. 책 속 읽기 방법을 익혀 둔다면 단지 교과서 속 과학을 쉽고 재미있게 배우는 것을 넘어 학년이 올라갈수록 공부하는 데 큰 도움이 된다는 것을 알게될 거야.

선생님도 너희들이 이 책을 아주 재미있고 유용하게 읽을 수 있도록 특별한 방법을 소개해 줄게. 독서 지도 전문가이신 두 분 선생님이 옆에서 너희들에게 책을 통해 과학책 읽기 방법을 하나하나 알려 주신다고 상상하며 읽어 보렴. 따뜻하고 다정다감한 목소리가 들리는 것 같지 않니?

과학에 대한 풍부한 지식들을 재미있게 표현하면서 너희들이 알기 쉽게 주변의 일이나 요즘 이슈화되고 있는 문제들을 통해 이야기를 풀고 있단다. 절대 지루함이 느껴지지 않을 거야. 맛있는 음식을 기분 좋게 소화시키듯 과학을 알아 가는 재미를 솔솔 느껴 보렴.

서울일원초등학교 교사 공효숙

차례

과학책 도서관에 들어가기 전에
과학 공부를 위해서는
어떤 책을 어떻게 읽어야 할까?

생물

과학책 도서관 세 번째 책장

생명의 소중함을 마음 깊이 느껴 보렴

화학

과학책 도서관 네 번째 책장

과학은 우리 곁에서 함께 생활한단다

지구 과학

과학책 도서관 다섯 번째 책장

책과 함께 지구로 여행을 떠나 보자

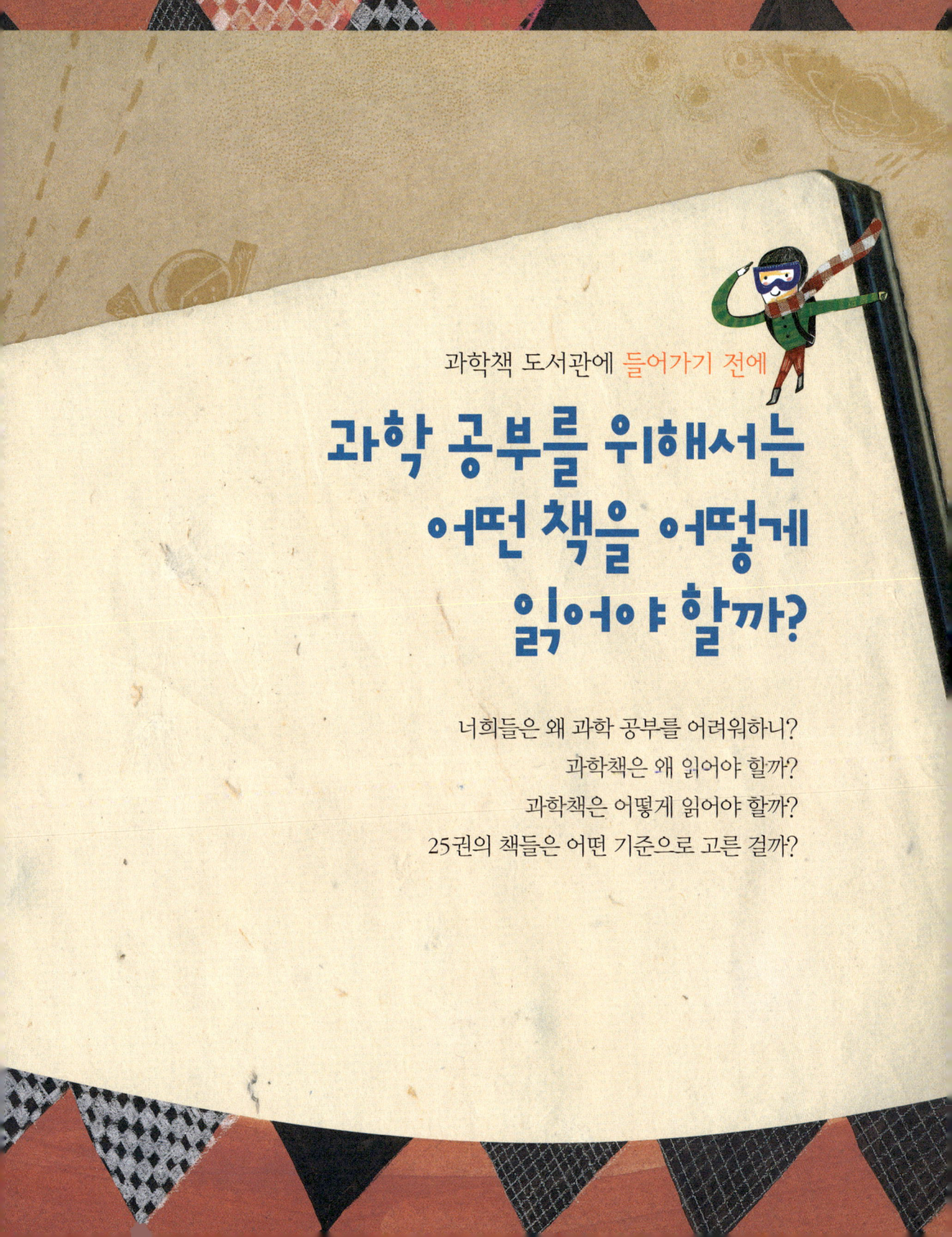

과학책 도서관에 들어가기 전에

과학 공부를 위해서는 어떤 책을 어떻게 읽어야 할까?

너희들은 왜 과학 공부를 어려워하니?
과학책은 왜 읽어야 할까?
과학책은 어떻게 읽어야 할까?
25권의 책들은 어떤 기준으로 고른 걸까?

너희들은 왜 과학 공부를 어려워하니?

"너희들은 왜 과학을 공부하는 게 어렵니?" 곰곰이 한번 생각해 보렴.

과학을 어려워하는 이유를 알면 과학을 좀 더 쉽고 재미있게 공부할 방법을 찾을 수 있지 않을까?

요즘 아이들은 옛날처럼 산이나 들로 뛰어다니며 직접 보고, 만지고, 경험한 것도 적을뿐더러 어렸을 때부터 그림책과 재미있는 이야기 위주의 책만 읽었기 때문에 과학은 참 낯선 과목일 수밖에 없어. 낯설고 생소하게 느껴지는 것을 공부하기란 쉽지 않아. 익숙한 것에 비해 관심과 흥미가 적기 때문에 좀처럼 재미를 느끼기도 어렵지.

과학 공부를 잘할 수 있는 제일 좋은 방법은 직접 경험을 하는 거야. 자연에서 뛰어놀고, 궁금한 것이 있으면 직접 해보고, 채집하고, 관찰하고, 박물관을 찾아가는 거지. 다양한 체험 학습이나 현장 학습을 하는 이유도 이런 이유에서야. 산촌에 사는 사람은 온갖 산나물과 나무들, 곤충을 잘 알 것이고, 아빠와 낚시를 즐겨 다녔던 사람이라면 물고기에 대해 아주 잘 알겠지? 이런저런 실험 도구를 갖춘 실험실에서 과학 실험을 실제로 한 사람은 그와 관련된 많은 지식을 가지고 있을 거야.

하지만 모든 일들을 직접 경험하는 건 불가능하단다. 그래서 과학과 관련된 책들을 많이 읽어 보는 것을 권하고 싶구나.

초등학생을 위한 과학책들은 교과서보다 쉽게 써 있고, 가능한 재미있게 정보를 전달할 수 있게 되어 있어. 또 내용 이해가 쉽도록 다양한 사진이나 그림을 실어 두어 간접 경험을 할 수 있도록 해주지. 어떤 책은 직접 실험을 해볼 수 있도록 안내되어 있기도 해.

과학은 내용도 어려운 편이란다. 학교에서 과학을 3학년 때 처음 가르치는 이유는 3학년 정도의 이해 능력이 되어야 과학을 공부할 수 있기 때문이야. 그러니까 막 3학년이 된 아이들이 과학을 어렵게 느끼는 것은 당연해. 특히 과학은 내용을 이해하기 위해서 관련 용어를 꼭 알아야 하는데, 이 용어를 이해하는 과정이나 설명 또한 쉽지가 않단다.

책을 많이 읽으면 어휘력도 좋아진단다는 말을 들어본 적 있을 거야. 책 읽기를 좋아하는 친구를 보면 모르는 낱말이 없어. 모르는 낱말이라도 문장 속에서 여러 번 그 낱말을 만나게 되면 저절로 그 의미를 알게 되거든. 물론 과학 용어는 일반 낱말과 다르기는 하지만 이 역시도 그 용어에 대한 쉽게 설명한 책을 많이 읽어서 익숙해지면 학교에서 배울 때 얼른 그 설명을 이해할 수 있단다. 그러니까 어린이를 위한 재미있는 과학 동화나 과학자의 일생과 업적을 다룬 위인전, 어린이를 위해 쉽게 설명한 과학책 등을 많이 읽어 과학 관련 용어나 내용에 익숙하게 하는 것이 좋아.

과학은 학년이 올라갈수록 더욱더 어렵고 배워야 할 양 또한 많아진단다. 우리가 교과서에서 배우는 과학의 영역만 살펴봐도 정말 광범위해. 눈에 보이지 않는 아주 작은 생물이나 물질부터 세상에 일어나는 다양한 물리 현상, 거대한 우주까지를 다 배워야 하니까 얼마나 많은 것들을 배워야 하겠니? 이 내용들은 중고등학교 때까지 배워도 다 배우지 못할 거야. 그렇기 때문에 아직도 밝히지 못한 것들을 탐구하는 과학자들이 있는 거겠지?

배워야 할 양이 많더라도 미리 겁먹을 필요는 없단다. 자꾸만 뭔가 더 알려고 하는 노력만 있다면 과학책들이 너희들의 배우고 싶은 욕심을 채워 줄 거야. 그래서 점점 관심의 폭과 깊이가 넓어진다면 아주 반가운 일이지. 집에, 학교에, 도서관에 있는 많은 과학책들은 초등학생이라고 해도 중고등학생 이상의 지식을 가질 수 있도록 도와줄 거야. 그럼 학교 과학 공부쯤은 식은 죽 먹기겠지?

과학책은 왜 읽어야 할까?

애들아, 너희들은 어떤 책을 좋아하니? 지식책보다는 재미있는 이야기가 가득한 동화책을 더 좋아하는 사람이 많을 것 같구나. 어떤 책이든 좋아하고 많이 읽는 것은 바람직한 일이지. 그런데 책은 음식과 같아서 다양한 분야의 좋은 책을 골고루 읽는 것이 좋아. 편식하지 않고 골고루 좋은 음식을 먹어야 건강해지는 것처럼 말이야. 그렇기 때문에 3, 4학년부터 조금 쉬운 지식책을 읽기 시작해서 5, 6학년이 돼서는 조금 어렵게 생각되는 책이라도 꾹 참고 의도적으로 읽어야 해. 쓴 보약을 참고 먹으며 몸이 아주 건강해지잖아? 지식책을 읽는 것은 우리 머리를 위해 보약을 먹는 것과 같아. 동화책처럼 술술 읽어지는 게 아니라서 노력이 필요하지만 잘 읽어 두면 머릿속 지식 창고가 가득해지지.

지식책들 중에서도 과학책을 읽으면 어떤 점이 좋을까?

배경지식이 쌓여 과학 공부가 재미있어진단다.

많은 어린이들이 학교 공부에 처음으로 어려움을 느끼는 시기가 3학년이고 어려운 과목으로는 과학과 사회를 꼽았다고 해. 그동안 배우지 않다가 3학년이 되어 처음으로 만나는 과목이라 낯선데다 내용 역시 이해하기 만만치 않기 때문이지. 공룡 화석에 대한 책을 읽었는데 과학 시간에 선생님이 화석에 대해 설명한다면 이미 알고 있는 내용이 나오니까 선생님 설명이 귀에 쏙쏙 들어오고, 선생님 질문에도 척척 대답할 수 있겠지? 우리 머리는 자기가 알고 있는 내용이 나오면 '아, 저건 정말 중요한 것이구나.' 하고 생각해서 더욱 집중을 잘 하거든. 그러니까 미리미리 여러 과학책들을 읽어 둔다면 그 어렵던 과학 수업이 점점 재미있어지고 성적도 쑥쑥 오르겠지?

　체험 활동이 더욱 즐거워질 거야.

　자연 속 생물을 관찰하고 채집하는 활동을 할 때는 그와 관련된 책을 연결시키면 훨씬 재미있게 체험을 할 수 있단다. 뿌리와 관련된 책을 읽은 후 근처 산에 소풍 겸 놀러가서 식물들의 뿌리를 관찰해 보렴. 그럼 책에서 본 뿌리의 생김새, 뿌리가 하는 일들과 연관지어 가며 더 자세히 관찰하게 되고 그 기억이 오래오래 남을 거야. 그러다 숲에서 장수풍뎅이, 무당벌레와 같은 곤충을 발견하면 무심코 '장수풍뎅이네, 무당벌레네.' 하고 지나치던 때와는 비교가 되지 않을 만큼 책에서 읽은 기억을 떠올려가며 그 곤충들을 더 유심히 관찰하게 될 거야. "아는 만큼 보인다."라는 말이 있는데 바로 이럴 때 쓸 수 있는 말이야. 평소 과학책을 가까이 하고 읽은 사람은 다른 사람보다 훨씬 더 많은 것을 볼 수 있단다.

　힘들어 하는 지구를 지키는 환경 파수꾼이 될 수 있어.

　애들아, 지구가 병들어 힘들어하고 있대. 사람들이 환경을 오염시키고 있기 때문이야. 숲은 베어지고, 동물들은 살 곳을 잃어버리고 있어. 물과 공기가 오염되어 어쩌면 맑은 물과 공기를 마실 날이 올지도 몰라. 이 모든 것이 과학의 발전과 관련 있다고 말하는 사람들도 있어. 자동차의 배기가스가 공기를 오염시키고, 세제를 사용해 물을 오염시키고, 화학 비료를 농토에 뿌려 땅이 오염되었으니 그렇게 말할 만도 하지. 그렇다고 이제와

석기 시대처럼 살 수는 없으니 더 이상 병이 깊어지지 않도록 지구를 보호하고 치료할 방법을 찾아 실천하는 데 우리가 앞장서야 해. 과학책 속에 담긴 지식은 바로 그런 방법을 찾는 열쇠가 되어 준단다. 곤충에 관한 책을 읽은 사람은 함부로 곤충을 잡지 않고, 숲에 관한 책을 읽은 사람은 소중한 숲을 지키기 위해 종이를 아껴 쓰는 작은 노력도 게을리하지 않겠지?

 ## 과학책은 어떻게 읽어야 할까?

과학책은 재미와 감동을 주는 동화책을 읽을 때와 달리 지식을 얻겠다는 뚜렷한 목적을 갖고 읽는 책이야. 그래서 술술 읽어지는 동화책보다 조금 어렵더라도 꼭 참고 읽다 보면 전보다 많은 지식이 쌓여 가는 기쁨을 맛볼 수 있단다. 이런 과학책을 읽을 때는 동화책을 읽을 때와는 다른 읽기 방법을 써서 읽는 것이 좋아. 국수를 먹을 때는 젓가락을 사용하고, 국물이 있는 음식을 먹을 때는 숟가락을 사용하듯이 책을 읽을 때도 그 책의 성격에 따라 읽는 방법을 달리해야 효과적으로 책을 읽을 수 있거든.

과학책 속 가득한 보물을 캐내는 방법 중 하나는 질문을 하며 읽는 거란다. 그래서인지 과학책은 '대체 열이 뭐야?', '바람은 무슨 일을 할까?'처럼 책 제목을 질문으로 내세운 경우가 많아. 그럼 제목을 보고 '어? 그래. 대체 열이 뭐지?' 하는 질문을 하겠지. 그러면 우리 머리는 동시에 머릿속 지식창고에서 잠자고 있던 열에 대한 정보를 깨워 답을 생각해 낸단다. 책을 펼쳐 읽기 전에 질문하고 자기가 답을 찾으려는 노력을 했다는 것은 그 책을 잘 읽을 준비를 마쳤다는 뜻이기도 해. 질문을 한다는 것은 궁금증이 생겼다는 뜻인데 책 속에서 그 궁금증을 해결하기 위해 평소보다 아주 적극적으로 책을 읽게 되거든. 그러면 그냥 책을 읽는 사람보다 더 많은 것을 얻을 수 있단다.

　내용이 어려운 책을 읽다 보면 읽기를 포기하고 싶어질 때도 있을 거야. 이럴 때는 그것을 설명하는 그림의 도움을 받도록 해. 그러면 어려웠던 것이 쉽게 이해되고 자꾸 헷갈렸던 내용이 머리에 확실하게 그려지기도 한단다. 어떤 친구는 한 책에서 "전지를 병렬로 연결하면 오래 사용할 수는 있지만 전구의 빛이 밝지 않다. 그러나 직렬로 연결하면 전지는 빨리 닳지만 전구의 빛이 밝다."라는 내용을 읽고 이해하기 어려웠는데 수조의 물을 옆으로 나란히 놓았을 때와 수조를 위로 나란히 놓았을 때 수돗물의 세기를 그려 설명한 그림을 유심히 본 후에는 그 내용을 확실히 알게 되었다고 하더구나. 여느 책도 마찬가지지만 특히 독자에게 지식이나 정보를 알려 주기 위한 책에서 그림의 역할은 보통 글만 읽어서는 내용을 이해하기 어려울 때 글을 보조해서 설명하는 역할을 한단다.

책을 읽을 때에는 최대한 배경지식을 활용해 읽어 봐. 배경지식은 어떤 사실에 대해서 내가 이미 경험했거나 알고 있는 지식을 말한단다. 배경지식은 원래 알고 있던 지식에 새로 알게 되는 것들이 달라붙어 점점 더 풍성해지지. 배경지식이 많을수록 새로운 것을 배우거나 익히는 것이 쉬워져. 그래서 과학책을 잘 읽으려면 체험을 많이 하고 많은 책을 읽는 것이 중요해.

배경지식을 잘 활용하려면 자꾸 머릿속에 자극을 줘야 해. 아주 쉬운 방법으로 책을 펼치기 전에 잠깐 멈춰서 책 제목과 표지를 보고 그와 관련해 전에 읽은 책이 있었는지, 체험을 한 적이 있는지 떠올려 보는 거지. 예를 들어 '개미'와 관련된 책을 읽는다면 개미를 키워 본 경험을 떠올려 보는 거야. 아주 어렸을 때 그림책으로 본 개미 모습이나, 개미와 베짱이라는 우화도 모두 기억해 봐. 이렇게 머리를 자극해 배경지식을 깨운 상태에서 책을 읽으면 알고 있는 것은 더욱 튼튼하게, 새롭게 알게 된 것은 안전하게 머릿속에 자리 잡을 거야.

과학책이나 사회책처럼 지식을 주는 책을 읽을 때는 한 손에 연필을 들고 읽도록 해. 이것은 이 책을 적극적으로 읽겠다는 자세란다. 그리고는 중요한 내용을 놓치지 않도록 그 연필로 메모하며 읽는 거지. 그렇지 않으면 책을 읽었는데도 정작 중요한 내용이 기억나지 않을 수 있거든. 메모하는 방법은 책을 읽으면서 궁금한 내용에 물음표 하기, 중요한 내용에 밑줄 긋기, 핵심을 요약해 적어 두기 등 다양해.

  과학 동화를 읽을 때는 정보를 찾으며 읽도록 해. 어린이책 중에는 과학책을 쉽고 재미있게 알게 하려고 동화 형식을 빌어서 과학 지식을 습득하도록 한 책들이 여러 권 있어. 이런 책은 읽기 쉽다는 장점이 있는 대신 자칫 이야기에 빠져 정작 원래의 목적인 지식은 기억하지 못하게 하기도 한단다. 그렇기 때문에 과학 동화를 읽을 때는 그 속에 숨은 과학을 놓치지 않고 찾아가며 읽는 노력을 해야 해. 처음 읽을 때는 평소 동화 읽듯이 읽은 후 한 번 더 읽는 것도 좋은 방법이야. 그때는 연필을 들고 필요한 내용을 표시하며 읽어 봐.

  책을 읽다 보면 군데군데 여백을 이용해서 본문과 연관해 보충 설명을 하거나, 주요한 용어를 해석해 놓은 것들이 눈에 띌 거야. 이럴 경우 본문 외에 따로 설명한 정보들도 꼭 놓치지 말고 읽으렴. 보통은 본문 위주로 읽고 이것들을 그냥 지나치기 쉬운데 적어도 5학년 이상이라면 이것들도 챙겨 꼼꼼히 읽도록 해. 그중 주요한 용어를 따로 뽑아 둔 경우라면 책을 다 읽은 후에도 한번쯤 다시 보면 그 책에서 꼭 알아야 할 핵심 내용을 되새기는 효과를 얻을 수 있단다. 과학에서 용어를 안다는 것은 그 개념의 반 이상을 이해하고 있다고 할 수 있을 만큼 중요한 일이야.

  동화책을 읽을 때는 이야기의 전개 과정을 알아야 하기 때문에 꼭 처음부터 순서대로 읽어야 하지만 꼭지마다 독립적인 주제로 구성된 과학책이라면 관심 있는 분야를 먼저 골라 읽어도 괜찮아. 어려운 책이라면 그중 이미 배경지식이 있거나, 쉬운 부분을 읽은 후 나중에 다시 읽는 것도 책을 속속들이 읽는 방법 중 하나란다.

 ## 25권의 책들은 어떤 기준으로 고른 걸까?

이 책은 어린이들이 과학을 쉽고 재미있게 공부하는 데 도움이 되었으면 하는 바람에서 쓴 거란다.

25권의 책들은 초등 과학 교과서를 학년별, 단원별로 꼼꼼히 따지고 분석해서 초등 과학 교과서 내용을 이해하는 데 도움이 되는 꼭 필요한 책들만을 우선으로 골랐단다. 대부분 과학 교과서를 배울 때 함께 참고해서 보면 도움이 되거나 교과서 속에서 배우지 못한 지식을 더 배우기에 좋은 책들이야. 미리 읽어 두면 과학 교과서를 배울 때 좋은 배경지식이 되어 줄 거야.

또 과학을 과학 전반에 걸쳐 배경지식을 넓혀 주는 통합 과학책과 생물, 화학, 지구 과학, 물리 분야로 구분해 여러 분야의 정보를 다양하게 공부할 수 있도록 했어.

과학 전반에 걸쳐 배경지식을 넓혀 주는 통합 과학책은 과학에 흥미를 높이고 여러 분야의 과학을 통합적으로 배울 수 있는 책들이란다. 과학에 기본이 되는 다양한 지식을 주는 책을 통해 과학과 친해졌으면 하는 바람으로 고른 책들이야.

생물 분야의 책은 과학 시간에 배우는 동식물의 한살이와 인체에 관련된 책들로 과학을 배울 때 도움이 되는 것은 물론이고 더불어 생명의 소중함을 배웠으면 하는 마음으로 골랐단다.

화학은 세상을 이루고 있는 물질에 대해 연구하는 학문이야. 우리 주변에 있는 모든 물질의 특성을 분석하고, 활용 방법을 찾는 아주 실용적인 분야로 일상생활에 아주 중요한 역할을 한단다. 과학 시간에 배우는 화학과 함께 이 책들을 읽고 생활 속에서 과학을 배우는 꼬마 과학도가 되었으면 해.

지구 과학은 지구의 땅과 바다 그리고 날씨, 그리고 우주에 관해 연구하는 학문이야. 과학 교과서에서 배우는 지구 과학은 이 광범위한 학문의 아주 조금을 맛볼 뿐이야. 사진과 그림이 풍부한 배경 도서를 많이 읽어 두면 큰 도움이 되니까 사진과 그림들을 눈여겨보렴.

물리는 '만물의 이치'를 줄인 말로 이 세상에서 일어나는 모든 현상들을 설명하는 학문이지. 만물의 중심에는 태양이 있고 태양열을 받아 생명이 탄생하고 에너지를 발생시키지. 사람도 만물의 하나인 만큼 그 모든 에너지들의 영향을 받는단다. 눈을 크게 뜨고 주위에서 일어나는 움직임과 현상들을 잘 관찰하도록 돕는 책들을 꼽았단다. 이 책들은 초등학교뿐 아니라 중학교 과학 시간에 물리를 배울 때도 도움이 될 거라는 사실도 귀띔해 주마.

초등학교 3학년 정도면 충분히 읽을 만한 책부터 5학년 이상이 읽기에 적당한 책까지 다양하게 골랐어. 사람마다 읽기 능력 수준이 모두 다르기 때문에 물론 읽기 능력이 우수한 사람이라면 3학년이라도 모두 읽기에 어려움이 없을 거야. 그렇지만 이 책들은 고학년이든 저학년이든 모두가 꼭 읽었으면 해. 이미 학교에서 배운 내용이라면 다시 한 번 읽어 알고 있던 것을 탄탄히 하고, 앞으로 배울 내용이라면 미리 읽어서 학교에서 배울 내용에 관한 배경지식을 쌓아 두는 거야.

이 책들을 모두 읽는 것도 중요하지만 무엇보다 이 책들을 읽는 과정을 통해 과학책 읽기 방법을 스스로 훈련할 수 있다는 것을 잊지 않았으면 좋겠구나. 읽기법을 훈련하면 노래의 학년보다 더 높은 수준의 책 읽기를 할 수 있을 거야.

통합 과학

과학책 도서관 **첫 번째 책장**

배경지식을 쌓아 과학과 친해져 볼까?

배경지식을 쌓을 수 있는 책들을 통해
배경지식 쌓는 법과 배경지식을 활용하는 법을 소개했어.
배경지식이 풍부하면 과학이 쉬워진단다.

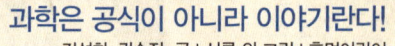

과학은 공식이 아니라 이야기란다!
김성화, 권수진 글 ㅣ 서른 외 그림 ㅣ 휴먼어린이

초등학교 때 기초 과학 지식을 쌓아야 해

물리, 화학, 지구 과학, 생물에서 꼭 알아야 할 기초 과학 지식들과 과학적으로 사고하는 법, 과학 용어와 공식에 숨은 뜻을 차근차근 들려 준단다. 궁금증과 호기심이 과학이 되기까지의 과정을 그리고 있기 때문에 읽다 보면 사물을 관찰하는 능력, 스스로 질문하고 답하는 사고력과 논리력을 기를 수 있어.

관련 과학 교과				
3학년 **1학기**	**1단원** 우리 생활과 물질	**2단원** 자석의 성질		
2학기	**3단원** 혼합물의 분리	**4단원** 빛과 그림자		
4학년 **1학기**	**1단원** 무게 재기	**3단원** 식물의 한살이		
2학기	**2단원** 지층과 화석	**3단원** 열 전달과 우리 생활		
5학년 **1학기**	**1단원** 지구와 달	**2단원** 전기회로	**3단원** 식물의 구조와 기능	
2학기	**1단원** 우리 몸	**2단원** 용해와 용액	**3단원** 물체의 속력	**4단원** 태양계와 별
6학년 **1학기**	**1단원** 빛	**2단원** 산과 염기	**3단원** 계절의 변화	**5단원** 자기장

이야기로 접하면 과학에 흥미가 생길 거야

마스카와 도시히데는 2008년 노벨 물리학상을 받은 유명한 일본의 물리학자야. 그는 평소 전기에 대한 이야기를 자주 들려주신 아버지 덕분에 과학에 흥미를 갖게 되었지. 또 집 안에 늘 과학 잡지가 있어서 자연스럽게 잡지를 읽으며 수학과 과학을 좋아하게 되었다고 해. 흥미로운 사실은 그의 학창시절 별명이 '성적은 나쁘지만 별난 걸 많이 아는 학생'이었다는구나.

마스카와 도시히데는 고교 시절, 나고야 대학의 한 교수가 물리 분야의 새로운 이론을 발표했다는 신문 기사를 읽고 먼 나라 미국이나 유럽 같은 곳뿐만 아니라 그가 사는 마을에도 과학자가 있다는 사실을 깨달았어. 이 때 읽은 신문 기사를 계기로 그는 나고야 대학에 진학해서 과학자의 길을 걷게 되었단다.

과학은 너희들이 꼭 공부해야 할 과목 중 하나로, 무엇보다도 사물의 근원을 파고들어 생각하는 힘을 길러 주는 기초 학문이란다. 과학에 관심을 갖게 되면 생활 곳곳에 이용되는 과학 원리를 이해하는 데 도움이 돼.

안타깝게도 너희 주변에 마스카와 도시히데의 아버지처럼 과학 이야기를 들려주는 사람이 없다고? 걱정하지마. 『과학은 공식이 아니라 이야기란다!』가 있단다. 이 책은 아주 쉬운 문장과 친절한 이야기로 과학의 개념과 원리를 설명해 주고 있어. 과학을 이야기로 접하면 이해하기도 쉽고,

생각보다 재미있다는 것을 알 수 있단다.

과학의 범주에 속하는 물리, 화학, 생물, 지구 과학의 전 영역을 포함해 3학년부터 6학년 교과서에서 다루는 대부분의 기초 과학 지식이 담겨 있단다. 이 책의 내용만 다 알아도 초등 과학은 물론 중학교 과학 공부에도 도움이 될 거야. 과학 교과서를 공부할 때 이 책을 늘 책상 한 켠에 두고 관련 주제가 나올 때마다 더불어 읽으면 학습 효과를 높일 수 있을 거야.

꼭 알아야 할 기초 지식을 한 권에 담았어

『과학은 공식이 아니라 이야기란다!』는 '과학의 이해'로부터 시작되어 '유전자 이야기'까지 모두 서른네 개의 장으로 나누어 있어.

물리 영역에서는 관성의 법칙, 중력, 원자 그리고 열과 전기, 빛과 에너지 보존의 법칙을 다루고 있단다. 화학 영역에서는 연금술사의 부엌에서 시작된 화학의 역사와 여러 가지 화학 반응, 불꽃의 비밀을 소개하고 있어. 화학의 발전으로 현대인은 다채로운 화합물의 세상에서 살게 되었다는 이야기가 화학에 대한 호기심을 채워 줄 거야.

지층을 통해 지구의 역사와 나이를 알 수 있는 이야기는 지구 과학 분야의 흥미를 높여 준다. 마지막으로 생물 영역에서는 곤충과 식물 등 생명의 신비 그리고 생명의 가장 작은 주머니 세포와 유전자 이야기를 둘러싼 신기한 내용들로 가득해.

책 속의 멘델(1822~1884, 유전 법칙을 발견한 식물학자) 이야기를 살펴볼까? 멘델이 살아 있을 때는 그의 완두콩 실험에 아무도 관심을 갖지 않았어. 그런데 멘델이 죽고 130여 년이 지난 지금 그의 연구는 생명 복제, 노화 예방이나 불치병 치료 등과 같은 현대 유전 공학의 기틀이 되었단다.

멘델은 남자와 여자가 결혼하여 반은 남자이고 반은 여자인 아이를 낳는 게 아니라 남자아이 아니면 여자아이를 낳는 이유가 궁금해 완두콩으로 실험을 하게 되었어. '엄마와 아빠가 결혼을 하여 여자 반, 남자 반인 나를 낳아야 하는 게 아닐까?' 하는 생각 자체가 엉뚱하면서도 어째 그럴듯해 보이지 않니? 유전 공학이라는 엄청난 성과를 낳은 그의 실험이 처음엔 단순한 호기심과 상상력에서 비롯된 거야.

이 책은 이렇게 하나의 주제를 놓고 과학자의 실험이나 연구 배경을 소개하면서 과학 이론을 이야기해 주고 있어. 이름을 남긴 과학자들이 가졌던 궁금증과 호기심이 어떻게 발전하여 과학이 되었는지 과정을 차근차근 설명하고 있단다. 책을 읽다 보면 어느새 두꺼운 책이란 걸 잊을 정도로 이야기 속으로 빠져들게 되는데, 이게 바로 이 책의 매력이란다.

상상력은 호기심과 꼭 붙어 다닌단다. 이 둘이 단짝인 이유는 호기심에 의해 상상력이 발휘되기도 하고, 상상한 것이 맞는지 책을 읽고 확인하는 과정에서 또 새로운 호기심이 생기기 때문이지. 이렇게 해서 만들어진 지식은 머릿속에 차곡차곡 쌓이게 된단다.

두꺼운 책을 쉽게 읽는 비법을 알려 줄게

초등학교 3학년 이상이라면 어느 정도의 과학적 지식을 가지고 있을 거야. 그 양이 얼마나 됐든 너희가 이미 알고 있는 지식을 배경지식이라고 해. 배경지식은 몸으로 직접 경험한 일이나 책을 읽어 알게 된 지식을 모두 말한단다. 사람마다 살아가는 환경이 다르고 접하는 문화가 다르기 때문에 배경지식의 양과 질은 누구나 다 달라.

이 책의 차례에 있는 각 장의 제목들을 보면 유난히 눈에 띄는 내용이 있을 거야. 어디선가 본 내용이거나 특별히 관심을 가졌던 주제가 눈에 띄기 마련이지. 그러면 거기서부터 읽어도 돼. 반드시 1장부터 순서대로 읽을 필요는 없어. 동화책을 읽을 때는 이야기의 전개 과정을 알아야 하기 때문에 꼭 처음부터 순서대로 읽어야 하지만, 이 책은 각 장이 독립적인 주제로 구성되어 있기 때문에 좋아하는 분야부터 펼쳐 읽어도 상관없단다.

5학년 교과서에서 '우리 몸'을 배운 뒤 인체에 관한 지식을 보충하고 싶다면 '인체의 비밀'을 읽어 보렴. 교과서에서는 심장이 하는 일만 다루었는데, 이 책에서는 심장의 역할은 물론 심장의 비밀을 알아내기 위해 온갖 동물의 심장을 해부하여 실험한 과학자들의 이야기를 들려준단다. 그들의 끈질긴 노력과 과학자로서의 책임감 있는 자세도 함께 배우게 될 거야.

　이렇게 이미 알고 있는 내용부터 읽게 되면 너희가 지닌 배경지식에 좀 더 새로운 지식들이 덧붙는단다. 배경지식에 새로운 지식이 보태지면 지식의 덩어리가 더 커지지. 덩어리가 커진 지식은 머릿속에서 새로운 배경지식으로 자리를 잡게 돼. 배경지식은 새로운 지식이 추가되면서 점점 커지고 깊어지는 거야.

　물론 '이 두꺼운 책을 어떻게 읽지?' 하는 두려움을 가질 수도 있을 거야. 하지만 다 읽고 나면 "해냈다!"라는 성취감과 함께 앞으로 어떤 책이라도 읽을 수 있다는 자신감이 생긴단다.

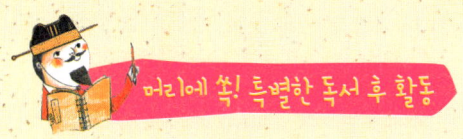

책에서 읽은 내용을 다른 사람에게 설명해 보렴

이 책의 작가가 과학 이야기를 쉽고 재미있게 들려주었듯이 알고 있는 내용을 남에게 설명하기 위해서는 정보를 정확하게 기억해야 하고 또 핵심 내용들을 잘 정리할 수 있어야 해. 남에게 설명하는 과정에서 그 지식은 완전한 내 것이 된단다. '어떻게 이야기를 전달할까?'를 고민하면서 표현력도 생길 거야.

서른네 개의 주제 가운데 가장 맘에 드는 한 가지를 골라서 그 내용을 완전히 이해한 뒤 부모님이나 친구 앞에서 설명해 보렴. 설명이라기보다 이야기를 들려준다고 생각하면 더 재미있을 거야.

설명하기에 자신이 없는 사람은 미리 대본을 써보렴. 배우가 대본을 외워 연기를 하는 것처럼 알게 된 지식을 남에게 전달할 때 어떻게 말을 해야 할지 적어 보는 거야.

열두 동물이 들려주는 과학 이야기

모니카 마렐리 글 ┃ 알베르토 레보리 그림
┃ 와이즈만북스

동물 특징을 통해
물리 현상 배워 볼까?

동물의 움직임이나 특징에서 과학 원리를 발견하여 우리 생활에 응용하고 있는 경우를 알려
주는 책이야. 인터뷰 형식으로 생생하게 내용을 전달하는 게 특징이지. 동물 특징을 생활 속
에서 하나하나 찾아가는 과정은 마치 숨은 그림을 찾기처럼 재미있단다. 다양한 동물의 특징
과 과학 원리를 연결 지어 읽어 봐.

관련 과학 교과

3학년 1학기 2단원 자석의 성질 ┃ 2학기 2단원 동물의 세계
5학년 1학기 4단원 작은 생물의 세계 ┃ 2학기 3단원 물체의 속력
6학년 1학기 1단원 빛 5단원 자기장 ┃ 2학기 3단원 에너지와 도구

동물의 특징을 이용한 과학 원리를 찾아보자

동물의 소리나 움직임은 우리 인간의 모습과 많이 닮아 있어. 그래서 어떤 사람들은 강아지, 고양이 혹은 돌고래나 원숭이 등 동물의 소리나 움직임을 통해 그들의 마음을 읽으려 하기도 해. 이런 경우 외에도 동물의 특징을 인간 생활에 응용한 경우는 많단다.

『열두 동물이 들려주는 과학 이야기』에서는 주위에서 흔히 접할 수 있는 로봇이나 비행기가 움직이는 원리 등을 소개하고 있는데, 이것들이 모두 동물의 움직임이나 특징을 이용한 과학 원리란다. 이처럼 동물을 통해 과학 원리를 이해한다면 과학이 한층 더 가깝게 느껴질 거야.

초등학교 3학년 때부터 학교에서 '과학'을 공부하게 되는데, 이때 원리를 소개하는 책을 많이 읽어 두면 학년이 올라가 더 어려운 내용을 공부하게 되더라도 두렵지 않아. 이 책은 특히 과학 영역 중에서 '물리'를 공부할 때 도움이 되는 소재들로 구성되어 있어. 그래서 3학년부터 6학년 교과서에서 물리와 관련된 단원을 배울 때 배경지식으로 활용할 수 있단다.

'자석의 성질'이나 '물체의 속력', '자기장'과 '에너지와 도구' 단원을 공부할 때 교과서와 함께 펼쳐 읽어 보렴. 3학년이면 읽을 수 있을 정도로 쉽고 부담 없는 두께의 책이면서도 6학년 때까지 활용할 수 있도록 다양한 과학 원리를 소개하고 있어.

원리를 발견한 과학자들도 소개한단다

『열두 동물이 들려주는 과학 이야기』를 쓴 모니카 마렐리는 과학 서적 전문 출판사 기자란다. 기자답게 인터뷰 형식으로 글을 엮어 놓아 읽는 재미를 더해 주고 있어. 호기심 많은 고양이 '키카'가 동물들을 찾아다니며 궁금한 점을 물어보고 동물들이 대답을 하는 형식으로 과학 원리를 소개하고 있단다. '키카'가 되어 동물에 대한 궁금증을 풀어간다고 상상하며 읽으면 더 재미있겠지?

이 책에는 상어, 나비와 거미, 박쥐와 도마뱀, 갈매기와 소금쟁이, 고양이와 거북이 등 여러 동물들이 총출동해. 그리고 그 동물들의 움직

$E = MC^2$

$F = ma$

임이나 특징과 함께 그것들이 생활에 응용되는 사례를 설명하지. 동시에 그 원리를 발견한 과학자의 이야기도 소개하고 있어. 이 책을 통해 동물의 특징은 물론, 과학자가 원리를 발견한 일화도 알 수 있단다.

음파와 진동을 이용해 먹이를 찾는 박쥐 이야기나 본능적으로 지구 자기장을 느낀다는 거북이 이야기는 신기할 따름이야. 또 물체가 물에 뜨는 원리를 목욕탕에서 발견한 아르키메데스가 너무 기쁜 나머지 알몸으로 뛰쳐나와 "유레카!"를 외쳤다는 유명한 일화와 함께 물고기의 부력을 설명하기도 해. 사이사이에 재미있는 그림도 있어서 내용을 쉽게 이해할 수 있을 거야.

각 장의 끝에 실린 '도전해 보세요!' 코너는 흥미를 더해 준단다. 퀴즈와 종이접기, 만들기 방법 등 누구나 간단하게 해볼 수 있는 실험 방법이 소개되어 있어.

$a = \frac{\Delta v}{t}$

저학년은 비행기 날개의 원리를 실험해 볼 수 있고, 고학년이라면 음파에 따라 달라지는 비눗방울의 색깔을 관찰해 과학 일지를 쓸 수도 있단다.

실생활과 연결지어 읽어 보렴

이 책을 읽을 때 동물의 특징과 주변에서 일어나는 현상들을 서로 연결 지으면 이해하기 훨씬 쉽단다. 책의 내용을 실생활에서 겪는 일들과 관련 지어 보자꾸나.

제일 첫 장에는 상어가 등장해. 상어는 작은 이빨처럼 생긴 돌기들이 피 부를 덮고 있어. 그래서 이빨 피부라는 별명을 갖고 있지. 이런 상어의 피 부는 물의 저항을 줄여 빠른 속도로 헤엄칠 수 있도록 해준단다. 사람들은 이를 이용해 물의 저항을 줄일 수 있는 방법을 생각해 냈어. 실제로 수영 선수에게 상어의 피부를 따라 만든 옷감으로 만든 수영복을 입혔더니 더 좋은 기록을 냈다는구나.

이런 비밀을 과학 원리로 정리해 처음 증명한 과학자도 소개한단다. 독 일의 물리학자 하인리히 마그누스는 "기체나 액체 속에서 회전하는 물체 의 회전축에 대해 수직 방향으로 힘이 생긴다."는 사실을 증명했어.

이 원리는 꼭 물속에서만 이용하는 것은 아니야. 가장 대표적인 예가 골프공이야. 골프공 표면에 빼곡히 파인 작은 구멍들이 골프공이 멀리 날아가는 데 도움을 준다는구나. 작은 구멍들이 나 있는 골프공의 표면에서 공기 소용돌이가 일어나 공기 속을 더 잘 날아가게 하는 거지. 이 속에 숨은 과학이 바로 하인리히 마그누스가 밝힌 원리인 '마그누스 효과'야. 동물의 특징이 어떻게 과학 원리로 증명되는지, 또 실생활에 어떻게 이용되는지 과정을 잘 알 수 있겠지? 상어 외에도 열 마리의 동물들이 더 있으니 잘 살펴보렴.

로봇 제작에 관심이 있는 친구들은 도마뱀의 발바닥을 잘 관찰해야 할 거야. 왜냐고? 도마뱀이 미끄러지지 않고 벽을 탈 수 있는 이유는 발바닥에 난 털 때문인데 도마뱀의 발바닥 털은 로봇에도 응용할 수 있거든. 그러니 로봇 만들기에 관심 있는 친구들은 도마뱀을 유심히 관찰해 보렴.

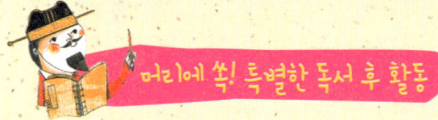

동물의 특징과 과학 원리를 연관 지어 표로 정리해 보렴

이 책은 '동물의 특징 – 과학자가 발견한 현상이나 이론 – 실생활에 응용한 사례'를 연결하여 읽을 수 있어. 책을 다 읽은 뒤 동물의 특징과 과학 원리를 연관 지어 표로 정리해 봐.

동물의 특징	발견 과학자와 원리	응용 사례
상어의 이빨 피부 – 물의 저항을 줄인다.	하인리히 마그누스 "기체나 액체 속에서 회전하는 물체의 회전축에 대해 수직 방향으로 힘이 생긴다."	수영복, 골프공 구멍
물고기의 부레 – 몸의 밀도를 조절한다.	아르키메데스 "부력의 크기는 유체 속에 있는 물체의 부피와 같은 부피를 가진 유체의 무게와 같다."	철로 만든 배, 잠수함
도마뱀 발바닥의 잔털 – 미끄러지지 않고 벽을 잘 탄다.	판데르 발스 "도마뱀이 벽을 잘 타는 이유는 발바닥과 벽 사이에 인력이 존재하기 때문이다."	냉장고 문, 로봇 제작

과학 대소동

황근기 글 | 심보영 그림 | 다산어린이

과학이 없다면
우리 생활은 어떻게 변할까?

과학 시간이 너무도 지루했던 아이들은 과학 시간을 없애 달라고 대통령에게 탄원서를 올린단다. 대통령은 아이들의 황당한 소원을 늘어주는 대신 '과학 없는 마을'에서 일주일 동안 체험을 하게 하지. 과연 아이들은 과학이 없는 마을에서 잘 지낼 수 있을까?

관련 과학 교과

3학년 1학기 1단원 우리 생활과 물질 2단원 자석의 성질
4학년 2학기 3단원 열 전달과 우리 생활
5학년 1학기 1단원 지구와 달
        2학기 2단원 용해와 용액 3단원 물체의 속력
6학년 1학기 1단원 빛 2단원 산과 염기 5단원 자기장
        2학기 3단원 에너지와 도구 4단원 연소와 소화

흥미진진한 이야기로 과학과 친해져 봐

초등 2,3학년 때까지만 해도 과학을 좋아하던 아이들도 학년이 점점 올라갈수록 과학을 싫어하거나 어려워하는 경우가 많단다. 왜 그럴까?

과학 용어가 어려워지면서 읽어도 이해가 가지 않는 내용이 생기고, 과학책이 점점 두꺼워지면서 읽기에도 부담이 되기 때문이야. 그러다 보니 과학책 읽기를 멀리하게 되어 과학은 점점 더 싫어하는 과목이 되고 말지. 이럴 때 내용이 쉽고 재미있어서 읽기에 부담 없는 책을 만나면 아주 반가울 거야.

『과학 대소동』은 과학을 좋아하지 않는 친구들도 재미있게 읽을 수 있는 책으로, 흥미로운 이야기를 중심으로 과학 지식도 함께 얻을 수 있게 구성되어 있단다. 판타지 형식을 갖춘 이야기는 워낙 흥미진진해서 3,4학년 정도면 충분히 읽을 수 있어. 이야기 사이사이에 설명하고 있는 과학 지식은 5,6학년들에게 아주 유익한 정보가 될 거야.

그렇다고 과학을 싫어하는 친구들만 읽어야 하는 책은 아니야. 『과학 대소동』에서 다루는 과학 원리는 3학년부터 6학년 과학 교과서에서 배우는 내용이 많이 포함되어 있어. 과학에 관심을 갖고 있는 친구들에게는 생활 곳곳에서 사용되는 과학 원리들을 직접 확인해 볼 수 있는 좋은 기회가 될 거야.

모든 내용을 알아야 한다는 부담을 버려

슈타인, 무지막스, 캐무러를 주인공으로 한 이야기는 과학을 싫어하는 아이들이 청와대 신문고 게시판에 과학 수업을 없애야 한다는 탄원서를 내면서 시작된단다. 눈코 뜰 새 없이 바쁜 대통령이 아이들의 소원을 들어줄 거라고는 아무도 예상하지 못했지.

그런데 글쎄, 대통령이 과학을 싫어하는 아이들의 소원을 들어주기로 했지 뭐야. 단, 과학 없는 마을에서 일주일 간 과학의 힘을 빌리지 않고 생활해야 하는 게 조건이었어. 일주일 동안 과학이 없어서 벌어지는 황당무계한 사건 때문에 아이들은 웃지도, 울지도 못하는 일들을 겪게 된단다.

과학을 이용하지 않고 할 수 있는 일들이 과연 얼마나 되겠니? 과학을 이용하지 않고 요리를 한다거나, 미술과 음악 활동을 할 수 있을까? 또 과학 없이 놀이 기구를 타야 한다면 어떻게 할지 한번 상상해 봐. 이처럼 과학 없는 일주일 동안 벌어지는 아이들의 좌충우돌 이야기가 책의 기본 중심이 된단다.

흥미로운 이야기 사이사이에는 과학 정보가 풍부히 담겨 있어. '슈타인의 과학으로 잘난 척하기'와 '무지막스의 과학에 딴지 걸기'가 생활 속 과학 정보를 재미있게 설명해 주는 부분이지.

전자 출입증 카드의 원리나 관성의 법칙에 대해 알고 싶다면, '슈타인의

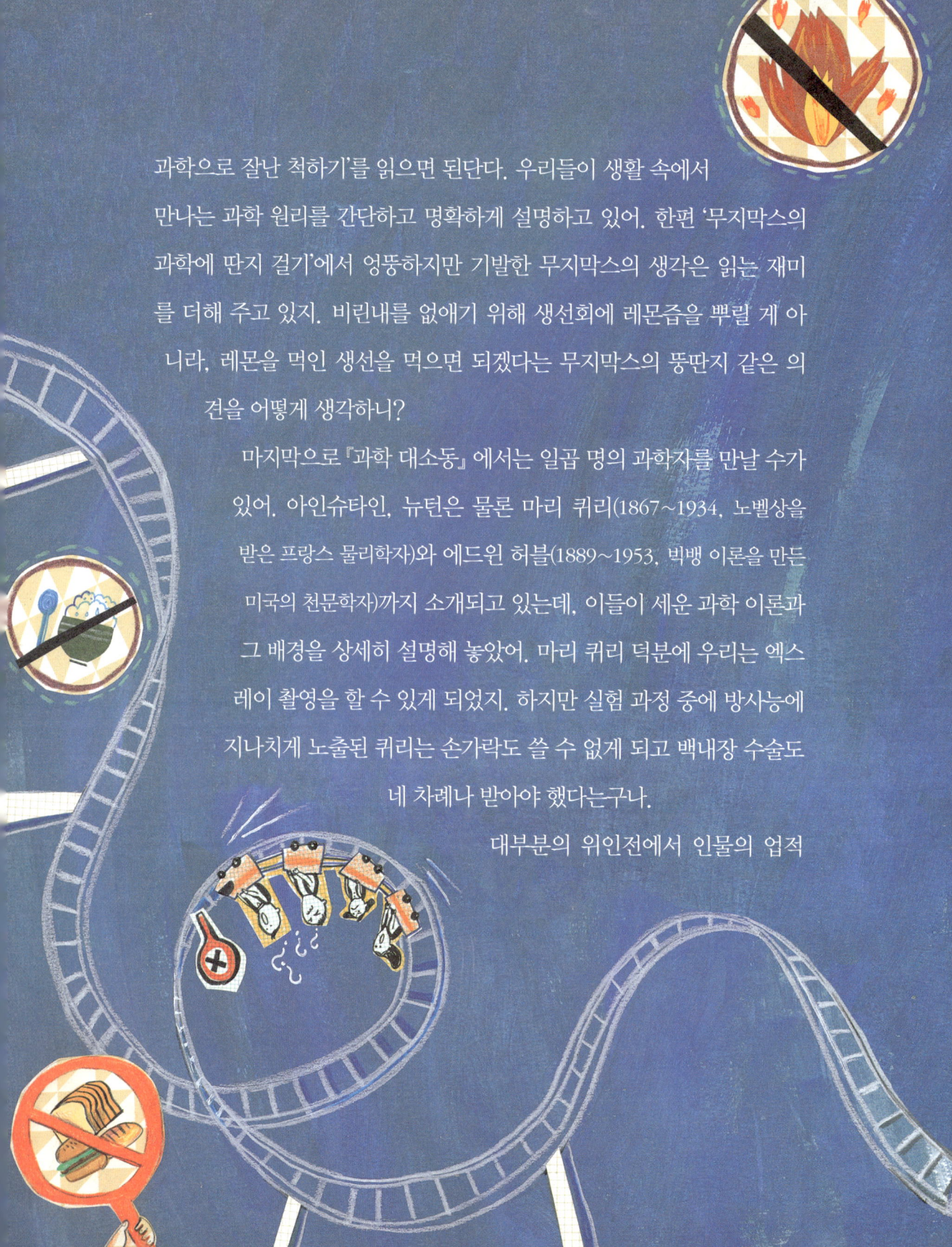

과학으로 잘난 척하기'를 읽으면 된단다. 우리들이 생활 속에서 만나는 과학 원리를 간단하고 명확하게 설명하고 있어. 한편 '무지막스의 과학에 딴지 걸기'에서 엉뚱하지만 기발한 무지막스의 생각은 읽는 재미를 더해 주고 있지. 비린내를 없애기 위해 생선회에 레몬즙을 뿌릴 게 아니라, 레몬을 먹인 생선을 먹으면 되겠다는 무지막스의 뚱딴지 같은 의견을 어떻게 생각하니?

마지막으로 『과학 대소동』 에서는 일곱 명의 과학자를 만날 수가 있어. 아인슈타인, 뉴턴은 물론 마리 퀴리(1867~1934, 노벨상을 받은 프랑스 물리학자)와 에드윈 허블(1889~1953, 빅뱅 이론을 만든 미국의 천문학자)까지 소개되고 있는데, 이들이 세운 과학 이론과 그 배경을 상세히 설명해 놓았어. 마리 퀴리 덕분에 우리는 엑스레이 촬영을 할 수 있게 되었지. 하지만 실험 과정 중에 방사능에 지나치게 노출된 퀴리는 손가락도 쓸 수 없게 되고 백내장 수술도 네 차례나 받아야 했다는구나.

대부분의 위인전에서 인물의 업적

만을 소개하는 경우가 많은데 이 책에서는 과학자들의 업적 외에도 그에 따른 뒷이야기가 덧붙어서 색다른 읽기 경험을 할 수 있단다.

학년에 따라 과학에 대한 관심도에 따라 이야기 부분, 과학 정보를 설명하는 부분 그리고 과학자를 설명하는 부분을 잘 활용해서 읽어 보렴. 3학년이라면 과학 원리를 하나하나 알아가기보다는 과학 없는 마을에서 미션을 수행하는 등장인물들의 이야기에 푹 빠져 읽기만 해도 좋아. 그러다 보면 점점 과학이랑 친해지지. 이제까지 과학을 싫어했다면 차근차근 읽기만 해도 좋아. 모든 정보를 알아야 한다는 부담을 느끼기보다는 이 책을 통해 과학책과 친숙해지는 게 훨씬 낫거든.

과학을 좋아하는 친구들이라면 '슈타인의 과학으로 잘난 척하기'나 '무지막스의 과학에 딴지 걸기'에 있는 과학 정보를 읽고 중요한 부분을 찾아보도록 해. 중요하다고 생각되는 문장이나 낱말에 밑줄을 긋다 보면 어느새 머릿속에 핵심 정보만 남게 될 거야. 5, 6학년이라면 책을 읽으며 중요하다고 생각하는 핵심 내용들을 공책에 적는 방법도 적극 추천한단다.

예측하며 읽기는 끝까지 읽게 하는 힘이야

슈타인과 무지막스, 캐무러가 과학 없는 마을에서 내려진 미션을 어떻게 수행했을까? 과학 없이 요리를 하려면 과연 어떤 방법을 써야 하고, 과학을 이용하지 않은 놀이 기구란 대체 어느 것인지 떠오르니? 이 책은 다음에 일어날 일에 대해서 여러 상황을 예측하여 읽기에 아주 좋단다. 왜냐하면 내용이 워낙 재미있고 흥미진진해서 저절로 다음 내용이 궁금해지는 책이거든.

이 책을 어떻게 읽어야 하는지 짐작했지? 바로 그거야. 다음에 나올 내용을 예측하면서 읽는 거지. 내용을 읽어 나가는 데만 너무 몰두하지 말고 책을 읽으며 자꾸자꾸 질문을 만들어 보렴. 질문에 또 질문을 하다 보면 예측하며 읽기가 된단다.

예측하며 읽기를 어떻게 할 수 있는지 함께 해볼까? 아이들에게 내려진 첫 번째 미션은 '과학을 이용하지 않고 요리하기'였어. 너무나 배가 고팠던 아이들은 압력솥에 밥을 했지. 그런데 밥이 다 되어 먹으려는 순간, 호루라기 소리가 들리면서 밥을 모두 압수당했어. 이유는 과학을 이용했다는 거야. 그렇다면 여기에서는 어떤 과학 원리가 이용되었을까? 다음 내용을 보기 전에 먼저 예측해 보렴. 물론 그 해답은 책 안에 잘 설명되어 있기 때문에 이 책을 읽다 보면 어떤 과학 원리가 숨겨져 있는지 알 수 있어.

한 가지 더 해볼까? '놀이공원에서 과학이 이용되지 않은 놀이 기구 타기'에 도전한 아이들은 과연 놀이 기구를 탔을까? 탔다면 어떤 놀이 기구를 탔을까? 예측해 보려무나. 아이들은 롤러코스트 앞에서 머뭇거렸지.

다음으로 바이킹 앞에 가서도 선뜻 올라타지 못했어. 그 이유는 뭘까? 범퍼카와 자이로드롭, 회전목마와 후룸라이드 등의 놀이 기구 앞에 선 아이들이 각각 어떤 결론을 내렸을지 읽을 때마다 예측을 해 보는 거야. 예측하며 읽기는 끊임없이 책과 대화하는 방법이기 때문에 절대 지루하지 않단다.

예측하며 읽기 방법은 내가 예측한 내용이 책에 쓰인 내용과 얼마나 맞아 떨어지는지 확인하고 싶어지게 만들어. 읽기 속도를 빠르게 하고, 또 끝까지 읽게 하는 힘이 돼주지. 그래서 끝까지 손에서 책을 놓지 않고 읽게 된단다. 다음에 올 내용을 예측해 가면서 읽는 방법은 꽤 숙달된 독자들이 즐겨 쓰는 방법이야. 이참에 읽기의 달인이 될지도 모르겠구나.

예측하기는 읽기에만 쓰이는 방법이 아니야. 과학을 호기심의 학문이라고 하지? 왜 그럴까? 생활 속에서 늘 봐왔던 사물이나 현상이라도 '왜?' 하는 의문을 갖는다면 궁금증에 대한 답변을 찾기 위해서라도 끊임없이 생각하고 탐구하는 습관을 갖게 되지. 이런 습관이 반복되면 과학뿐만 아니라 모든 공부를 잘 할 수 있는 능력을 갖게 된단다.

과학적 지식이 많지 않은 사람이라도 생활 속에서 끊임없이 호기심을 갖고 탐구하게 되면 사고력이 높아진단다. 사고력은 생각하는 힘이야. 사고력이 높으면 어떤 문제에 부딪쳐도 해결하려는 의지가 생긴단다. 곧 문제 해결 능력이 높아지는 거야. 예측하기의 중요성을 잘 알겠지?

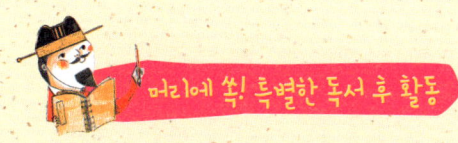

과학사전을 만들어 보렴

책에 소개된 과학 지식을 내 것으로 만들기 위해 과학사전을 만들어 두면 활용하기 좋단다. 예를 들어 '슈타인의 과학으로 잘난 척하기'에는 '식품을 오랫동안 보관하는 방법'이 소개되어 있어. 식품 보관법은 다섯 가지로 건조법, 산소 차단법, 냉동법, 밀폐 용기 사용법, 질소 투입법이 있단다.

건조법은 햇빛에 말리는 것으로 오징어나 쥐포를 예로 들고 있고, 산소 차단법은 통조림 같은 것을 말하는 거야. 냉동법은 냉동실에서 음식을 상하게 하는 미생물을 죽게 하여 음식을 오래 보관하는 방법이고, 밀폐 용기 사용법은 밀폐 용기에 음식을 보관하여 산소를 차단해 부패를 막을 수 있는 방법이야. 마지막으로 질소 투입법은 과자 봉지 안에 질소를 넣어 신선도를 유지하는 방법이란다.

그럼 이 내용으로 과학사전을 만들어 볼까? 색지를 준비해서 '식품 보관법'이라고 제목을 쓴 뒤 그 아래에 다섯 가지 보관법과 그 내용을 잘 정리해 적으면 돼. 이렇게 책에 소개된 과학 지식을 요약해서 정리하면 세상에 하나뿐인 과학사전이 만들어지겠지? 이 과학사전은 들고 다니며 언제든 꺼내볼 수있어서 좋아. 또한 과학사전을 만들며 요약하고 정리하다 보면 머릿속에 기억되기 때문에 공부가 저절로 된단다.

> 과학사전을 만들 때는 책에서 알려 주는 과학 지식을 꼼꼼하게 읽으면서 중요한 정보를 가려내는 게 중요해.

물이 꼭 필요해

이혜진 글 | 나일영 그림 | 문공사

물을 통해 과학 원리를 기초부터
배울 수 있어

물의 기본 특징과 역할, 기체, 액체, 고체로 끊임없이 변화하는 물의 순환, 지형을 변화시키는 물의 작용, 생명과의 밀접한 관련성, 더 나아가 지구 온난화와 수질 오염과 관련된 환경 이야기까지 물에 관한 모든 것을 풀어 놓은 책이야. 물의 과학적 특성과 함께 소중함에 대해서도 생각해 보렴.

관련 과학 교과

물의 과학적 특성을 분석해 놓았어

가만 생각해 보면, 우리 곁에 늘 있어서 그 소중함을 잊게 되는 것들이 있어. 그중 하나는 '물'이 아닐까? 물은 언제나 실컷 마실 수 있고, 마구 쓸 수 있다고 여기지. 하지만 상수도 오염의 심각성을 알리는 뉴스가 심심찮게 보도되고, 물을 끓여 먹거나 사먹는 일은 흔한 일이 되었어. 우리나라는 물이 맑고 풍부한 나라로 손꼽힘에도 불구하고 잘 보존하지 않아 물 부족 국가로 분류되어 있어. 참으로 안타까운 일이지.

'물은 녹색 환경의 척도'라고 해. 또 '물은 생명'이라고도 하지. 물이 없다면 생물이 살 수 없기 때문이야. 우리 인간은 모두 깨끗한 물의 혜택을 받으며 살고 있어. 과거에도 현재와 미래에도 물의 중요성을 부정할 사람은 없을 거야. 물에 대해 잘 알고 있어야 효율적으로 사용하거나 깨끗하게 보존하는 방법도 찾을 수 있겠지?

이 책을 통해 물을 효율적으로 활용할 수 있는 방법들도 찾아보려무나.

수력 발전으로 전기가 만들어지는 과정을 통해 물의 활용도를 알 수 있을 뿐 아니라, 하수 처리 과정을 보여 주면서 가정에서 쓰는 생활 하수를 줄여야 한다는 점을 강조하고 있지. 또 지구 온난화와 수질 오염의 현장을 고발하면서 물의 가치를 일깨워 주고 있단다.

물은 중요한 만큼 생물, 화학, 지구 과학, 물리 모든 분야와 연관되어 있단다. 모든 생명이 살아가기 위해 필요하다는 점에서 생물과 연관성이 있고, 지구 표면의 70%가 물로 채워져 있으니, 지구 과학에서 꼭 다루어야 할 내용이야. 또 물의 성분을 알려면 화학 분야를 공부해야만 하지. 마지막으로 물의 쓰임을 공부하다 보면 물을 이용한 에너지 이야기가 빠질 수 없기 때문에 물리와도 연관된단다. 이 책을 통해 물의 다양한 모습을 알아보렴.

물의 소중함을 일깨워 주지

매일 마시고 쓰는 건데, 물이 무엇인지 모르는 사람이 있을까? 하지만 정작 물이 무엇인지 설명해 보라면 꼭 집어서 말할 수 있는 사람은 그리 많지 않아. 『물이 꼭 필요해』를 펼치면 물이 무엇인지, 물의 종류엔 어떤 것들이 있고, 어떤 특징

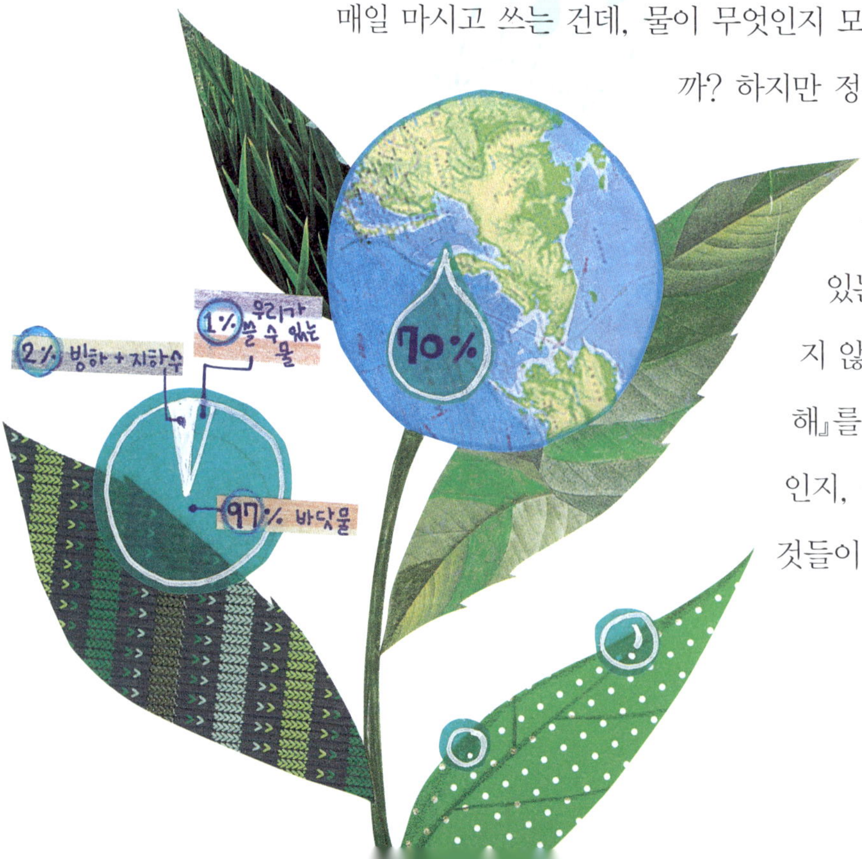

2% 빙하 + 지하수

1% 우리가 쓸 수 있는 물

97% 바닷물

70%

을 가지고 있는지 구체적으로 설명되어 있단다.

과학책을 읽다 보면 어려운 용어들이 나와서 읽는 속도가 떨어지곤 하는데, 이 책은 친절하게도 본문 양쪽에 용어 풀이를 해놓아서 본문을 읽다가 잘 모르는 용어가 나와도 끄떡없어. 또 딱딱한 내용이라 여겨지면 어김없이 한눈에 알아볼 수 있도록 삽화나 사진으로 보충 설명하고 있단다. 적절한 삽화나 사진은 글의 내용을 이해하는 데 도움이 되지.

'물이 톡톡'과 '물 플러스' 코너를 통해 본문을 읽는 중간 중간 분위기를 전환시켜 주기도 하고 추가 설명을 하기도 한단다. '물이 톡톡'은 물에 관한 토막 상식을 전달하고 있고, '물 플러스'는 본문에서 다하지 못한 내용을 보충 설명하고 있어.

이 책은 물에 대한 과학 지식을 전달하면서 동시에 물의 가치를 일깨워 주는 두 가지 목적을 지니고 있단다. 책을 읽고 이 모든 걸 이해했다면, 물의 소중함을 더욱 느끼게 될 거야.

배경지식을 적극 활용해 볼까?

따로 공부하지 않아도 경험을 통해 이미 알고 있는 지식을 배경지식이라고 해. 알고 있는 지식이 새로운 지식을 만나면 배경지식이 더 풍성해진단다. 책을 읽을 때 알고 있는 지식을 자주 활용하다 보면, 지식의 양은 점점 커지고 알고 있는 지식이 많으면 많을수록 새로운 지식을 얻는 요령이 생겨. 『물이 꼭 필요해』를 읽을 때도 배경지식을 활용해 보자.

학년이 같다고 해서 배경지식이 다 같을 수는 없단다. 과학을 좋아하는 친구와 음악을 좋아하는 친구가 있다고 하자. 각각 어느 과목에 대한 지식이 풍부할까? 평소 관심을 갖고 있는 것에 더 많은 지식을 가지고 있는 건 당연한 거야. 따라서 특정 과목이나 주제에 대해 남보다 더 적은 양의 지식을 가지고 있다고 해서 불안해 할 것은 없어. 이번 기회에 '물'에 대한 지식을 충분히 쌓으면 되니까 말이야.

이 책을 펼치기 전에 '물' 하면 떠오르는 것들을 생각해 보는 거야. 그리고 책의 제목을 보고 '물이 꼭 필요한 이유'와 '물이 없으면 어떻게 될까?'를 열 가지씩 말해 봐. 그다음은 차례에 나오는 다섯 개의 제목을 보고 이미 알고 있는 것들을 떠올려 보는 거야. 예를 들어 3장의 '물의 여행과 순환－하늘로, 땅으로'를 보며 '물의 순환'에 대해 알고 있는 것들을 쏟아 내는 거지. 물의 순환은 우리 생활과도 밀접한 관련이 있고 3, 4학년 교과서에서 관련 단원을 배우니 아는 상식이 제법 있을 거야.

이렇게 미리 알고 있는 내용들을 생각해 보고 본문을 읽어 보렴. 자신이 이미 알고 있는 것들이 맞는지 틀리는지 확인하기 위해 좀 더 적극적인 자세로 책을 읽게 될 거야. 글을 읽다가 모르는 용어가 나오면 사전을 찾거나 인터넷 검색을 해볼 의욕도 생기겠지?

정보뿐 아니라 교훈도 마음에 새겨야 해

1장부터 3장까지는 물을 통해 전달하는 여러 분야의 과학 지식을 확장해 가며 읽으면 된단다. 그런데 4장과 5장은 좀 달라. 이 부분은 생명의 기원이 되는 물, 물의 오염으로 인한 피해 등을 다루면서 녹색 환경을 유지하기 위해 물을 아껴 써야 한다는 내용으로 구성되어 있어. 다시 말해 이 책은 우리 생활에 없어서는 안 될 물의 가치를 전달하려는 분명한 목적을 가지고 있단다.

물은 생명을 유지하기 위해 반드시 필요하며 갈증을 해소하는 가장 좋은 음료이지. 또한 몸을 씻는 데 없어서는 안 되며 이 밖에도 수력 발전이나 조력 발전 등 신재생 에너지의 자원이 되기도 한단다. 이 책에서는 수력 발전의 원리와 과정을 사진과 그림으로 한눈에 보여 주며 이해를 돕고 있어.

물은 스스로 정화하는 능력이 있는데, 이것을 '자정 작용'이라고 한단다. 하지만 지나치게 많은 오염 물질이나 독성이 강한 오염물을 분해시키는 일은 쉽지 않아. 그 과정에서 많은 물의 양이 필요하고, 또 무척이나 긴 시간이 필요하단다. 따라서 수질을 오염시키지 않는 게 가장 효율적이야. 책에서는 하수 처리 과정을 그림으로 보여 주면서 수질 오염을 최소화해야 한다는 것을 강조하고 있지.

6학년 교과서에서 '생태계와 환경'을 배울 때 이 책의 '물의 오염과 부족'을 함께 읽으면 환경 오염의 실태와 함께 생태계 보존의 필요성을 이해하는 데 도움이 될 거야.

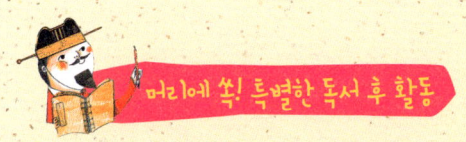

과학 용어를 정리하는 어휘장을 만들어 두렴

　과학책을 읽을 때 용어를 모르면 전체를 이해할 수 없어. 이 책은 본문 양쪽에 용어 해설이 되어 있어서 책을 읽는 데 도움이 될 거야. 본문에 붉은 글씨로 표시한 용어는 풀이해 놓았지만, 풀이가 되어 있지 않은 낱말들 중에도 정확하게 알아야 할 어휘가 많단다.

　본문에 뜻풀이를 해둔 '원자'와 '현미경' 말고도 설명이 없는 '분해'와 '물질'이라는 말의 정확한 뜻을 알고 있니? 대강 아는 친구도 있을 것이고, 아예 모르는 친구도 있을 거야. 이미 여러 번 봤던 글자이기 때문에 안다고 착각하는 친구도 적지 않을걸? 정확한 뜻을 모른다면, 이런 용어들을 몽땅 골라서 어휘장에 적어 보자.

　어휘장이라고 해야 별거 아니란다. 영어 단어를 공부할 때 쓰는 단어장과 같아. 손바닥 크기의 작은 공책을 준비해서 낱말과 그 뜻을 적으면 돼. 용어의 뜻이 책에 있다면 그걸 정리하면 된단다. 책 속에 뜻 설명이 없는 단어는 국어사전이나 백과사전에서 찾아 정리하도록 해.

　이렇게 만든 어휘장은 들고 다니면서 교과서나 다른 책을 읽을 때도 적극 활용해 보렴. 어휘장을 채워 가다 보면 아는 즐거움이 무엇인지 깨닫게 된단다. 물론 본문에 풀이되어 있는 용어들 중에 이미 아는 것이 있다면 정리할 필요가 없겠지?

얘들아, 정말 과학자가 되고 싶니?
김성화, 권수진 글 | 이윤하 그림 | 풀빛

과학자들의 생애는
훌륭한 배경지식이란다

에디슨, 아인슈타인, 파브르, 뉴턴 등 유명한 과학자들의 이야기를 들려준다. 이들은 어떤 특별한 점이 있었기에 이름을 떨치는 과학자가 될 수 있었을까? 그리고 과학이 어떤 학문인지, 과학을 즐기기 위해서는 어떤 자세를 가져야 하는지도 알아 두렴.

관련 과학 교과

3학년 1학기 3단원 동물의 한살이 ㅣ **2학기** 2단원 동물의 세계
4학년 1학기 3단원 식물의 한살이 ㅣ **2학기** 1단원 식물의 세계
5학년 1학기 1단원 지구와 달 ㅣ **2학기** 4단원 태양계와 별
6학년 2학기 3단원 에너지와 도구

초등학생이 알아야 할 과학자들을 만나 봐

한 신문에서 보니까 어린이들이 가장 좋아하는 과학자가 '아인슈타인 (1879~1955, 천재 물리학자)'이라는구나! 너희들이 좋아하는 과학자는 누구고, 과학자가 된다면 어떤 분야의 과학자가 되고 싶니?

에디슨(1847~1934, 발명가) 같은 발명왕을 꿈꾸는 사람도 있고 인류를 난치병으로부터 구해 줄 신약을 개발하겠다는 사람, 환경을 오염시키지 않는 값싸고 질 좋은 신에너지를 개발해 노벨상을 받겠다는 사람도 있을 거야.

과학자를 꿈꾼다면 훌륭한 과학자가 되기 위해 어떻게 해야 할지, 내가 존경하는 과학자는 어떤 과정을 통해 위대한 업적을 남길 수 있었는지 궁금할 거야.

『얘들아, 정말 과학자가 되고 싶니?』는 미래 과학자를 꿈꾸는 어린이들에게 과학자가 되는 방법을 안내해 주는 책이야. 과학 공부를 좋아하는 작가들이 여러 과학자들을 예로 들어가며 그들이 어떻게 과학자가 될 수 있었는지에서부터 미래의 과학자가 되기 위해서는 지금부터 어떤 습관을 가져야 하는지를 들려준다.

제인 구달(1934~, 침팬지 연구가)의 침팬지에 대한 사랑, 칼 세이건 (1934~1996, 미국의 천문학자)의 별과 우주에 대한 동경, 에드워드 윌슨

(1929~, 개미 박사)의 모험심, 뉴턴(1642~1727, 물리학의 아버지)의 호기심 등 과학자들의 어린 시절 이야기를 들려주지. 그걸 보면 과학자가 되기 위해서는 책상에 앉아 열심히 공부하는 것보다 더 중요한 것이 있다는 걸 알게 될 거야.

책에 소개된 재미있는 일화 몇 가지만 살짝 얘기해 줄까? 『파브르 곤충기』를 쓴 파브르(1823~1915, 곤충학자)는 어렸을 때 빛이 입으로 들어오는지 눈으로 들어오는지 궁금해서 입을 크게 벌리고 해를 쳐다보았대. 그러고는 '아하, 빛은 눈으로 들어오는구나.'라고 했대. 참 엉뚱하지?

또 다윈(1809~1882, 생물의 진화론을 밝힌 생물학자)은 어릴 때 공부에는 전혀 관심이 없었다고 해. 쓰레기들을 주워 모으고 동식물에만 관심을 보여 다윈의 부모님은 다윈이 커서 밥벌이나 제대로 할 수 있을까 걱정하기도 했다는구나.

파브르와 다윈은 어린 시절 아주 엉뚱한 행동을 해서 때로는 부모님을 걱정시키기도 했지만, 끊임없는 호기심으로 탐구하고 연구하여

훌륭한 과학자가 되었어. 이 책을 통해서 바로 그런 점을 배웠으면 해. 이들처럼 사소한 궁금증도 놓치지 않고 탐구하고, 기록하고, 배워 나가는 자세를 갖는다면 훌륭한 과학자가 될 수 있을 거야.

과학자를 잘 알면 과학에 흥미가 생길 거야

이 책을 읽으면 좋은 또 한 가지 이유는 책을 통해 알게 된 과학자들의 이야기로 학교에서 관련 단원을 배울 때 흥미를 가질 수 있기 때문이란다. 칼 세이건과 캐플러(1571~1630, 독일의 천문학자), 갈릴레이(1564~1642, 지동설을 확립한 천문학자)는 5학년 때 배우는 '지구와 달' '태양계와 별'과 관련 있는 과학자란다. 곤충학자인 에드워드 윌슨과 파브르는 3학년에 '동물의 한살이'와 '동물의 세계'를 배울 때, 『종의 기원』을 쓴 다윈은 4학

년에 '식물의 한살이'와 '식물의 세계'를 배울 때 꼭 알아야 하는 과학자 거든.

그 밖에도 뉴턴은 6학년 때 배울 '에너지와 도구', 제인 구달은 3학년 때 배우는 '동물의 세계'와 6학년에 배우는 '생태계와 환경' 단원을 공부하는 데 도움이 될 거야. 과학자들을 통해서 3~6학년 때 배우는 다양한 과학을 만날 수 있다니, 정말 놀랍지?

어렵게만 느껴지는 과학 이론이나 원리를 배우기 전에 과학자를 먼저 알아 두면 든든한 배경지식이 된단다. 예를 들어 '뉴턴의 운동 법칙'이라는 과학 원리를 배우기 전에 뉴턴의 호기심 많은 모습이라던가 그가 했던 실험들에 대해 알고 있으면 왜 이런 운동 법칙이 생겼는지 이해하기가 훨씬 수월하겠지? 학교에서 배우는 과학이 어렵다고 느끼는 친구들이 있다면 이 책을 통해 배경지식을 넓혀 보렴.

목표를 정하고 필요한 정보만 찾아 읽어 보렴

뉴턴, 파브르, 아인슈타인 같은 위대한 과학자들의 어린 시절은 어땠을까? 뭔가 우리와 다른 특별한 점이 있었을 것 같지?

책을 보니까 분명히 뭔가 달라 보이기는 하더구나. 그렇다고 학교에서 늘

일등을 차지했다는 그런 종류의 특별한 점은 아니야. 분명한 것은 이들이 훌륭한 과학자가 된 것은 어렸을 때부터 호기심이 많았고 그 궁금증들을 풀기 위해 행동했다는 점이야. 그 방법들은 여러 가지가 있겠지?

이 책 속 과학자들은 어렸을 때부터 과학자가 꼭 가져야 할 특별한 싹을 키우고 있었단다. 그것들이 무엇인지 과학자의 어린 시절 이야기에서 잘 찾아보도록 하자. 우선 처음에는 작가들이 들려주는 이야기를 듣는다고 생각하고 끝까지 읽으렴. 그다음 다시 책장을 넘기면서 내가 찾고 싶은 정보를 찾아가며 읽는 거야.

칼 세이건은 어렸을 때 밤하늘에 빛나는 별을 보고 어른들에게 "별이 뭐예요?" 하고 물었어. 어른들은 그에게 별은 하늘의 등불이라고 대답했단다. 하지만 이 대답에 궁금증이 풀리지 않았던 세이건은 해답을 찾기 위해 도서관을 찾았고, 그곳에서 '별이란 멀리 떨어져 있는 태양이며 태양도 그런 별들 중의 하나'라는 놀라운 사실을 발견했대. 그 후 그는 다른 책에서 지구, 태양, 우주에 대한 깜짝 놀랄 만한 사실을 발견하고 천문학자가 되어 별을 연구하고 그곳에 가보겠다는 마음을 먹었단다. 그리고 세이건은 정말로 커서 별과 우주를 연구하는 천문학자가 되었지.

폭풍이 치는 날 어린 뉴턴은 바람을 업고 뛰어 보고, 반대로 바람을 거슬러 뛰어 본 후 바람이 1m만큼 멀리 뛰게 하거나 1m만큼 짧게 뛰게 한다는 것을 알아냈어. 뉴턴은 이 차이를 만든 '힘'이 궁금해 자꾸 공부했고, 나

중에 커서 '중력'을 발견한 과학자가 되었지. 이 밖에도 제인 구달과 곤충 학자 윌슨, 파브르와 관련된 재미난 일화도 있으니 찾아 읽어 봐.

이 책을 읽을 때는 과학자가 어렸을 때 어떻게 했고, 그것이 나중에 과학자가 되는데 어떤 중요한 역할을 했는지에 초점을 맞춰 읽는 거야. 그리고 과학자의 어린 시절 이야기가 나오는 부분에 색깔 연필로 표시를 하고 자신이 배워야 할 점을 적어 두면 좋아. 세이건 이야기 옆에는 '궁금한 것이 있으면 도서관에서 책을 찾아 읽자!', 제인 구달 이야기 옆에는 '내가 좋아하고 꼭 하고 싶은 일을 찾자!'라고 적을 수 있겠지? 이렇게 하면 과학자가 되기 위해서는 어떻게 해야 할지 실마리를 찾을 수 있을 거야.

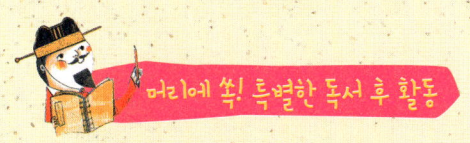

꿈을 이루기 위해 갖춰야 할 점을 정리해 보렴

이 책의 앞부분이 주로 과학자들의 어린 시절을 얘기했다면 뒷부분은 갈릴레이, 아인슈타인 같은 과학자를 예로 들어가면서 훌륭한 과학자가 되기 위해 갖춰야 할 것들을 얘기해 주고 있단다. 그것이 무엇인지 찾아서 항목을 하나씩 정리해 보렴.

그리고 내가 이루고 싶은 꿈이 무엇인지 생각해 보고 꿈을 이루기 위해 준비해야 할 것들을 찾아 적어 봐. 이렇게 구체적으로 적어 눈에 띄는 곳에 붙여 놓는다면 차근차근 준비해 나가고 꿈을 이뤄 가는 데 도움이 될 거야.

과학자가 되기 위해 갖춰야 할 것들

갖춰야 할 것	이유
드로잉 실력	관찰하고 실험한 것을 그림으로 그릴 일이 많다.
인내심	오랫동안 탐구하기 위해서 꼭 필요하다.
상상력	상상 없이는 과학도 없다.
글쓰기 실력	과학을 알리는 좋은 책을 쓸 수 있다.

내가 이루고 싶은 꿈은? (   )

갖춰야 할 것	이유

과학자가 되는 방법

재미있게 노는 방법

호기심

질문

속담 속에 숨은 과학

정창훈 글 | 이상권 그림 | 봄나무

속담으로도
과학을 공부할 수 있어

속담에는 조상들이 오랜 세월 동안 터득한 지혜가 담겨 있단다. 대부분 규칙적으로 되풀이되는 자연 현상을 관찰한 것을 바탕으로 만들어졌기 때문에 속담을 요모조모 뜯어보면 의외로 과학적 이라는 사실을 알고 깜짝 놀라게 될 거야. 뜻풀이를 읽기 전에 이 속담이 무슨 뜻일지를 먼저 생 각해 봐.

관련 과학 교과
4학년 2학기 3단원 열 전달과 우리 생활
5학년 2학기 1단원 우리 몸   2단원 용해와 용액
6학년 2학기 1단원 날씨의 변화

과학을 쉽고 재미있게 배워 볼까?

『속담 속에 숨은 과학』은 날씨와 천체, 그리고 우리 몸과 동식물에 관한 속담 열여섯 개를 소개하고 그 속에 감춰져 있는 과학적 원리를 하나하나 밝히고 있단다. 책을 읽다 보면 속담의 뜻을 알게 되는 것은 물론이고 '아하, 이래서 이런 말을 하는구나.' 하고 무릎을 치게 될 거야. 작가는 과학이 옛날이야기처럼 재미있고 속담처럼 쉽다는 것을 어린이들이 알았으면 하는 마음으로 이 책을 썼다고 해.

속담은 조상들이 생활 속에서 자연스럽게 깨달은 지혜가 담겨 있는 말로 우리에게도 아주 친밀하게 느껴져. 이 속담 속에 숨은 과학의 비밀을 알아 내다 보면 어려운 과학을 쉽게 익힐 수 있단다. 아주 어려운 것도 친근하고 익숙한 것으로 접근하면 훨씬 쉽게 여겨지거든. 평소 과학을 어려운 과목이라고 생각했다면 이 책을 통해 과학과 좀 더 친해질 수 있을 거야.

책에 나오는 "바늘구멍으로 황소바람이 들어온다."는 속담을 한번 살펴 볼까? 이 말은 주먹만 한 구멍으로 들어오는 바람보다 오히려 바늘구멍처럼 좁은 구멍으로 들어오는 바람이 훨씬 세다는 뜻이야. 폭이 넓은 개울을 흐르던 물이 개울의 폭이 좁아지면 갑자기 흐르는 속도가 빨라지는 것을 본 적이 있지? 이 속담은 물이나 공기처럼 흐르는 물체가 좁은 통로를 흐를 때 속력이 빨라지는 현상을 설명하고 있단다. 옛날 사람들이 만든 속담을 과학으로 풀어낼 수 있다니 놀랍지 않니?

　더 감탄스러운 것은 그런 사실을 아는 것에 그치지 않고 생활 속에서 지혜롭게 활용했다는 점이야. 옛날 한옥 문은 나무로 틀을 짜고 그 위에 창호지를 붙였기 때문에 틈으로 바람이 새어 들어올 수밖에 없었어. 그래서 찬바람이 불기 시작하면 조상들은 새로 창호지를 빈틈없이 바르고, 문틈에 문풍지를 붙여 바람이 들어오지 못하도록 했단다. 바늘구멍으로 들어오는 황소바람이 얼마나 무서운지 잘 알고 있었거든.

과학 원리와 용어들까지 익힐 수 있어

이 책은 마치 과학 지식을 쉽게 알려 주는 종합 선물 세트 같아. 우리에게 익숙한 속담과 더불어 천체, 물리, 화학 등 여러 분야에 걸친 과학 지식을 아주 쉽게 설명해 주고 있거든.

"바늘구멍으로 황소바람 들어온다."라는 속담을 통해 알 수 있는 과학 원리는 바로 '유체 흐름'이야. 유체 흐름은 유체, 그러니까 기체나 액체처럼 흐르는 물질이 좁은 통로를 흐를 때 속력이 더욱 빨라지는 것을 말해. 수도꼭지 구멍을 손가락으로 반쯤 막으면 수돗물이 더욱 세차게 뿜어 나오는데, 통로가 좁아지면서 물이 흐르는 속력이 빨라지기 때문에 생기는 현상이란다. 그러니까 넓은 곳을 흐르던 바람이 문에 뚫린 작은 구멍을 통과하면서 속력이 빨라져 아주 센 바람이 방 안으로 들어오는 거지.

"제 똥 구린 줄 모른다."라는 속담은 후각에 대한 지식을 알려 준단다. 코의 안쪽 천장에는 냄새를 맡는 '후각 세포'가 있어. 똥을 누면 그 후각 세포에 똥의 독한 냄새를 풍기는 물질이 닿아서 똥 냄새가 난다는 걸 알게 돼. 그런데 이 후각은 한 가지 냄새를 오랫동안 맡지 못하는 특성이 있단다. 시각이나 청각에 비해 빨리 피로를 느끼기 때문이지. 그래서 처음 똥을 누면 똥 냄새가 나지만 후각 피로 때문에 금세 그 냄새를 맡지 못하게 되는 거야. 하지만 다른 사람이 바로 화장실 문을 연다면 코를 감싸 쥐면서 지독한 똥 냄새라고 하겠지?

책을 읽고 나면 유체 흐름이니, 후각 피로 같은 과학 원리는 물론이고 그런 것들을 설명하는 과정에서 나오는 복사, 대류, 이온, 전자, 질량, 자외선, 적외선 등과 같은 어려운 과학 용어들까지 잘 알게 될 거야.

4학년 2학기에는 '열 전달과 우리 생활' 5학년 2학기에는 '우리 몸'과 '용해와 용액' 6학년 2학기에는 '날씨의 변화'를 배우게 되는데 미리 지식을 쌓아 놓았으니 쉽고 재미있게 공부할 수 있겠지?

읽기의 기본은 생각하며 읽는 거란다

이 책에서 소개하는 열여섯 가지 속담 중에는 이미 뜻을 알고 있는 것도 있고, 뜻은 모르지만 한두 번쯤은 들어 보았거나 아예 처음 들어 모르는 것도 있을 거야.

책에 써진 순서대로 차례차례 읽어 나가는 것도 좋지만 먼저 속담의 뜻을 생각해 본 후 내용을 읽으면 이 책을 더 효과적으로 읽을 수 있단다.

속담은 우리 조상들이 오랜 세월 경험으로 터득한 지혜를 바탕으로 만들어진 것으로 과학적 관찰과 분석을 통해 얻은 결과야. 때문에 그 속담의 뜻을 먼저 생각해 보는 것만으로도 과학에 한발 가까이 다가갈 수 있지.

특히 미리 생각해 본 후 책과 비교해 가며 읽는 방법은 정보를 오래도록 기억하는 데 아주 효과적이란다. 내가 알고 있는 지식을 확인하고, 다르거나 틀리게 알고 있던 것을 정확한 내용으로 수정해 기억하는 과정을 '조정'이라고 하는데 이 조정 과정을 거친 지식은 오래 지나도 잘 잊혀지지 않는단다. 읽기 전에 미리 생각해 보는 것만으로 이렇게 놀라운 효과가 있다니 기대되지?

예를 들어 "뇌우 많은 해는 풍년"이라는 속담이 소개되면 관련 내용을 읽기 전에 '이 속담이 무슨 뜻일까'를 먼저 생각해 보렴. 우선 '뇌우'가 무엇인지부터 알아야겠지? 사전을 찾아보니 뇌우는 '번개를 동반한 비'라는구나. 즉 이 속담은 번개를 동반한 비가 많이 오는 해에는 풍년이 든다는 뜻이야.

속담의 뜻을 알았으면 '이런 속담이 생긴 이유가 뭘까?'에 대해서도 곰곰생각해 봐. 비는 날씨와 관련 있는 말이고 풍년은 농사와 관련이 있으니 '날씨와 농사 사이에 무슨 연관성이 있겠구나!' 하고 짐작해 볼 수도 있고, 번개를 동반한 비는 대체 어떤 모습인지 머릿속으로 상상해 볼 수도 있을 거야. 그런 다음 책을 읽으면서 생각과 비교해 보렴. 책을 읽기 전에 생각한 것과 같은 내용이 책에 나온다면 정말 반가울 거야. 반대로 알고 있던 지식이나 생각이 책과 다르다면 똑바로 알게 되는 기회가 될 테니 그것 역시 좋은 일이겠지?

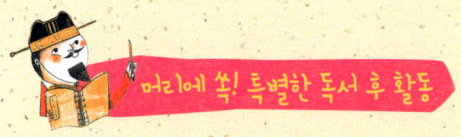

속담 카드를 만들어 보렴

기억을 오래 저장하는 데 효과적인 방법이 더 있단다. 바로 책에서 알게 된 내용을 기록으로 남기는 방법이야.

이 책을 읽은 후 알게 된 속담과 그 속에 감춰진 과학 지식을 이해하기 쉽고, 기억하기 쉽도록 정리해 속담 카드를 만들어 보렴. 그것들을 묶어 속담책을 만들면 두고두고 필요할 때 꺼내볼 수 있어.

속담 카드를 만들 때는 맨 위에 속담과 그 뜻을 적고, 그 아래 속담에 숨겨진 과학 원리를 정리해 넣으면 돼. 그림 설명이 필요한 것은 간단하게 그려 넣는 것도 좋단다.

〈속담과 뜻〉

변덕이 죽 끓듯 한다

뜻 : 마음을 자꾸 바꿔 종잡을 수 없다.

〈죽이 끓는 과정에서 배울 수 있는 과학 원리〉

❶ 전도 : 죽이 끓고 있는 냄비에 쇠로 된 젓가락이나 숟가락을 넣으면 뜨거워지는 현상
(전도란 열이 어떤 물체에서 다른 물체로 이동하는 것을 의미한다.)

❷ 대류 : 시간이 흐르면 죽이 식는 현상
(대류란 열이 기체나 물에 실려 이동하는 것을 의미한다)

❸ 복사 : 불 옆에 있으면 따뜻해지는 현상
(복사란 다른 물질을 통하지 않고 열이 직접 다른 곳으로 전달되는 것을 의미한다.)

어려운 단어도 함께 정리해 두렴!

과학책 도서관 **두 번째 책장**

과학의 눈으로
눈에 보이지 않는
현상을 관찰하자

눈에 보이는 것만이 전부가 아니란다.
세상은 오히려 눈에 보이지 않는 것들이 움직여 나간다고 해도
과언이 아니야. 과학을 공부하면 눈에 보이지 않는 현상을 볼 수 있어.
그것이 바로 과학의 힘이란다.

슝 달리는 전자 흐르는 전기

곽영직 글 | 서현 그림 | 웅진주니어

전기에 대해 꼭 알아야 할 것들을 정리해 볼까?

전기에 대한 관련 지식을 쉽게 이해할 수 있도록 설명한 책이야. 전기를 발생시키는 전자가 무엇이며, 전기가 어떻게 만들어지고 전기로 인해 어떤 현상이 생기는지 알 수 있단다. 이번 기회에 전기의 쓰임과 소중함에 대해서도 생각해 봐.

관련 과학 교과

3학년 1학기 2단원 자석의 성질
5학년 1학기 2단원 전기회로
6학년 1학기 5단원 자기장

전기의 소중함을 알 수 있단다

얼마 전 한국 전력 공사에서 전력 수요를 제대로 예측하지 못하는 바람에 전국적으로 대규모 정전 사태가 벌어졌어. 아무런 예고 없이 갑자기 몇 시간씩 전기가 들어오질 않는 바람에 여기저기서 사고와 피해가 잇따랐지.

정전으로 인한 피해는 더운데 에어컨이나 선풍기를 틀 수 없어서 불편한 정도의 수준이 아니었단다. 엘리베이터가 운행 중 갑자기 멈추고, 아이스크림 가게의 아이스크림이 모두 녹고, 양어장에서는 기르던 물고기들이 모두 죽었어. 또 많은 사람들이 깜깜한 어둠 속 멈춰선 지하철 안에 갇혀 있어야 했지. 다행히 몇 시간 만에 전력이 복구되긴 했지만 하마터면 전국의 모든 전기가 중단되는 '블랙아웃' 사태가 벌어질 뻔했다는구나.

만일 전기를 쓸 수 없는 상황이 되면 어떤 일이 벌어질까? 정말 끔찍할 거야. 냉난방, 전등, 컴퓨터, 전화기, 전철, 인터넷, 여러 가전제품 등 그 어느 것도 전기가 없이는 무용지물인 것들이고, 그것들 없이 살아간다는 건 상상할 수도 없는 일이야.

전기가 발견된 지는 약 200년 정도밖에 안 되었는데 몇 시간 동안의 정전에도 큰 피해를 입을 만큼 전기는 우리 생활에 없어서는 안 될 소중한 존재가 되었어.

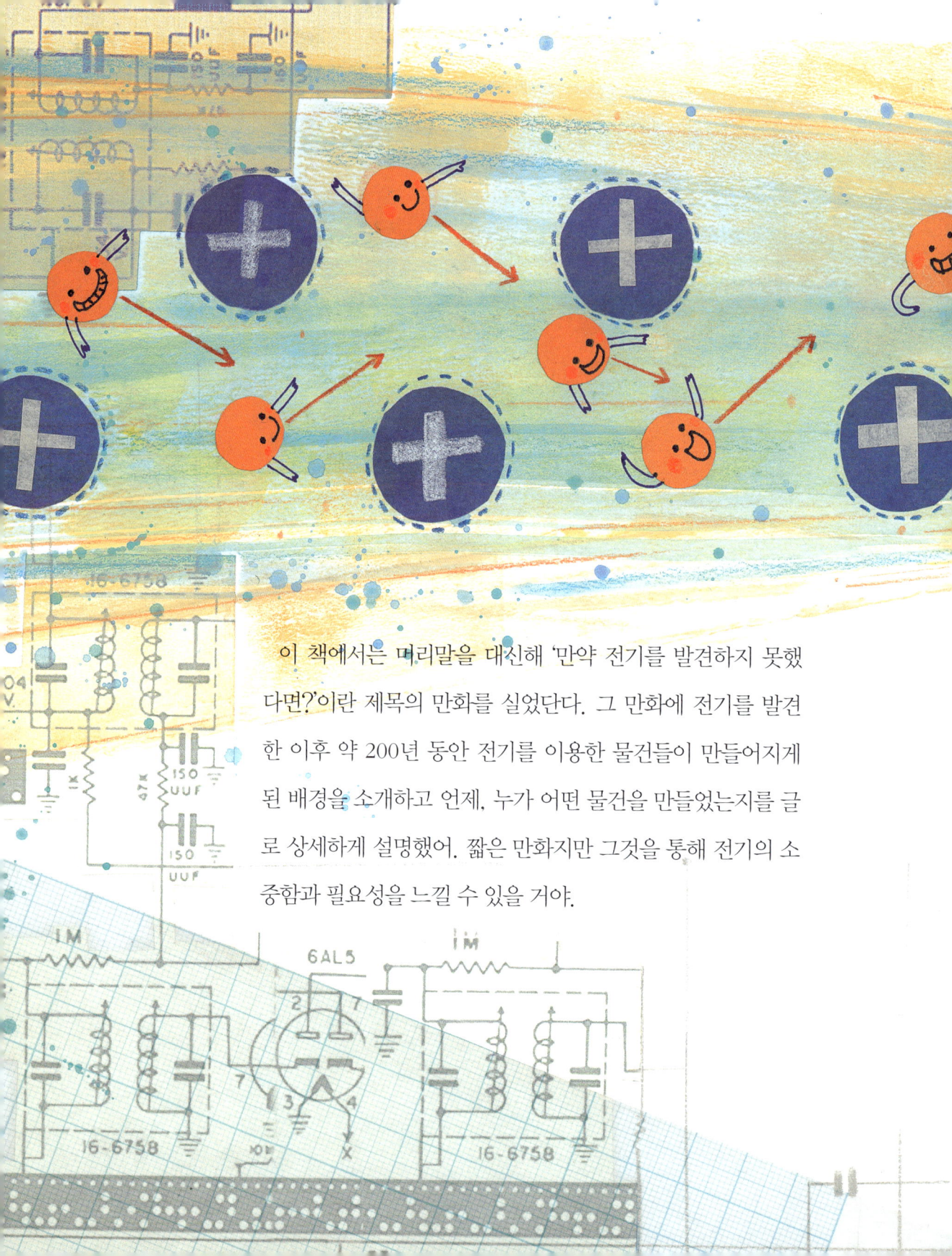

  이 책에서는 머리말을 대신해 '만약 전기를 발견하지 못했다면?'이란 제목의 만화를 실었단다. 그 만화에 전기를 발견한 이후 약 200년 동안 전기를 이용한 물건들이 만들어지게 된 배경을 소개하고 언제, 누가 어떤 물건을 만들었는지를 글로 상세하게 설명했어. 짧은 만화지만 그것을 통해 전기의 소중함과 필요성을 느낄 수 있을 거야.

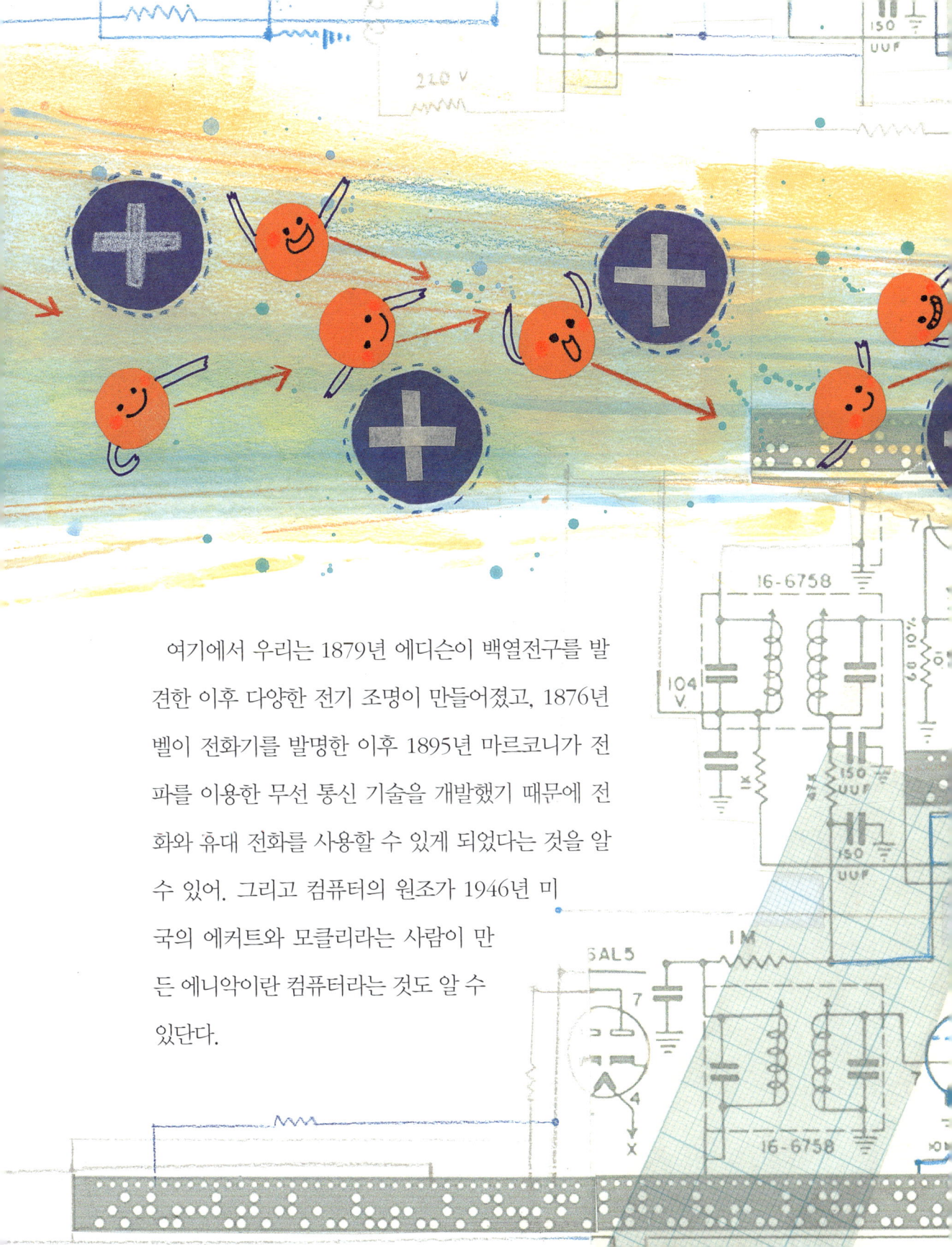

여기에서 우리는 1879년 에디슨이 백열전구를 발견한 이후 다양한 전기 조명이 만들어졌고, 1876년 벨이 전화기를 발명한 이후 1895년 마르코니가 전파를 이용한 무선 통신 기술을 개발했기 때문에 전화와 휴대 전화를 사용할 수 있게 되었다는 것을 알 수 있어. 그리고 컴퓨터의 원조가 1946년 미국의 에커트와 모클리라는 사람이 만든 에니악이란 컴퓨터라는 것도 알 수 있단다.

전기를 만들어 내는 전자를 파헤쳐 보자

『슝 달리는 전자 흐르는 전기』에서는 전자와 전기를 총 4장으로 나누어 설명하고 있어. 먼저 '전기야 정체를 밝혀라!'에서는 전자가 무엇인지, 어떻게 전자가 전기 현상을 만들어 내는지를, '정전기를 잡아라!'에서는 우리가 흔히 경험하는 정전기가 생기는 이유와 정전기를 어떻게 이용하고 있는지, 없애는 방법까지 알려 준단다. 그리고 '전기가 흘러!'는 우리가 전기를 쓸 수 있는 것은 전기가 흐르기 때문이라는 것을, '놀라운 전기 작용'에서는 전기를 어떻게 사용하는지에 대해 설명해 주지.

책에서 설명해 주는 이 모든 내용을 이해하려면 우선 전기를 만들어 내는 '전자'에 대해 알아야 해. 그러나 우리 눈에 보이지 않는 전자를 이해하는 것은 쉽지 않아. 그래서 전자를 쉽게 설명하기 위해 친근한 '토미'라는 전자 캐릭터를 등장시켜 친구에게 얘기하듯 내용을 이끌어 간단다.

토미는 이야기를 이끄는 주요 화자로 전체 내용을 설명하기도 하지만 캐릭터 그림으로 여기저기 등장해서 이해를 돕기도 해. 전깃줄을 타고 전자가 달려가는 그림을 이용해 전류가 전자의 흐름이라는 것을 설명할 때 앞장서 간다거나, 본문 설명이 좀 어려울 때는 자기가 이해한 대로 다시 한 번 말로 정리해 설명해 준단다. 그러니까 토미의 도움을 받는다면 책을 끝까지 읽어 가는 것이 그리 힘들지는 않을 거야.

토미가 말해 주는 전기는 절대적으로 우리 생활에 필요한 만큼 초등학교 교과 과정에서 5학년 1학기 '전기회로' 단원과 6학년 1학기 '자기장' 단원을 통해 배울 수 있단다. 그런데 전기의 흐름이 눈으로 보이는 것이 아니라 배워도 이해하기 쉽지 않아. 그때 이 책을 기억해 두었다가 참고 자료로 활용해 보렴.

이 책의 '전기회로'와 '직렬 연결과 병렬 연결' 부분을 보면 5학년 1학기때 배우는 '전지의 연결 방법에 따라 전구의 밝기는 어떻게 달라지나?' '전구의 연결 방법에 따라 전구의 밝기는 어떻게 달라지나?'를 이해하는 데 큰 도움이 될 거야. 건전지 연결을 물통을 연결시킨 그림에 빗대어 설명해서 훨씬 이해하기 쉬워.

6학년 1학기 과학 시간에 '자기장'을 배울 때에는 이 책의 '자기 작용'과 '자석으로 전기 만들기' 부분을 펼쳐 봐. 만화로 설명된 내용을 보면 머리에 쏙 들어갈 거야.

그 밖에 '물질을 이루는 원자, 원자 속의 전자' '원자의 구조' '정전기가 생기는 이유' '대전 순서' '전기력' '옴의 법칙' 부분은 중학교 과학 시간에 배우는 내용인데 모두들 어려워서 쩔쩔매는 부분이야. 중학교에 가기 전에 미리 이 책을 읽어 둔다면 중학교 과학 시간이 훨씬 수월할 거야.

색깔과 크기가 다른 글씨를 눈여겨보렴

책을 만드는 일을 하는 편집자는 독자가 책을 읽을 때 최대한 책을 만든 목적에 따라 읽을 수 있도록 책을 편집한단다. 이를테면 『슝 달리는 전자 흐르는 전기』는 전기와 전자를 설명해 주는 책이기 때문에 읽는 사람이 그것을 최대한 쉽게 이해할 수 있도록 여러 가지 장치를 사용한다는 뜻이야. 그러니까 이런 장치를 알고 읽으면 편집자의 의도대로 책에서 설명하는 것을 쉽게 이해할 수 있겠지?

책을 펼쳐 보면 파란색 큰 글씨가 눈에 띌 거야. 그리고 진한 글씨로 써진 것도 보이지? 편집자는 왜 이렇게 글씨의 색을 달리하고 크기를 달리했을까? 당연히 독자의 눈에 띄어서 집중하도록 하기 위한 거야.

책장을 넘기다 보면 '자유전자' '이온' '양이온' '음이온' 같은 굵게 써진 글자가 눈에 들어오지? 이 굵은 글자로 표시된 것들은 전기 현상을 만드는 전자를 이해하는 데 꼭 필요한 용어들이야. 이 용어들을 이해하지 못하면 전자와 전기에 대해 정확히 이해하기 힘들단다. 그래서 '중요한 용어' '꼭 알아야 하는 용어'라는 것을 강조하기 위해서 설명과 함께 해당하는 용어를 굵게 쓴 거야.

책 속에는 전기, 전자와 관련된 생소한 용어들이 꽤 많은데 책을 한 번 읽는 정도로 기억하기는 어려워. 하지만 이렇게 굵게 써놓았으니 필요할 때마다 찾아보기도 쉽겠지?

그리고 또 눈여겨봐야 할 것이 있어. 책을 읽다 보면 다른 글씨들보다 큰 글씨로, 색깔을 파란색으로 달리해 써놓은 문장이 있어. 이 문장은 지금까지 설명한 내용을 한마디로 요약 정리해 써놓은 거야. 이렇게 하면 읽는 사람이 길게 설명되어 복잡했던 것이 단박에 정리되거든.

바로 그런 의도로 글씨 크기와 색을 달리해 놓은 거야. 그뿐 아니라 책을 다 읽은 후 필요한 정보를 찾기에 수월하게 해주는 효과도 있겠지? 말할 때도 뭔가 길게 얘기하다가 중간에 한번쯤 말한 것을 정리해 주면 무슨 말인지 확실히 알게 되는 것과 같은 이치지.

글만 읽어서 무슨 말인지 모를 때는 그림 정보를 활용해 봐. 이 책은 좀 어렵다 싶은 내용은 그림으로 한 번 더 설명하고 있으니까 그림도 잘 살펴보렴.

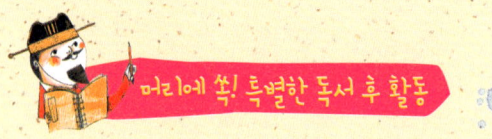

경험과 과학 지식을 연관지어 정리해 보렴

경험은 새로운 것을 알아 가는 가장 좋은 스승이란다. 시각, 청각, 후각, 미각, 촉각의 오감으로 정보를 받아들이기 때문이지. 여기에 책에서 주는 지식이 더해진다면 그 경험은 절대 잊혀지지 않는 기억이 되어 머릿속 정보 창고로 저장된단다. 유능한 독자는 책을 읽을 때는 책 속 정보만으로 이해하려고 애쓰지 않고 그와 관련해 자신의 경험을 꺼내 책 내용을 잘 이해하기 위한 수단으로 사용해.

전기는 우리 생활과 밀접한 부분이라 약간 어려운 용어가 나오더라도 경험과 비교해 가며 읽으면 이해하는 데 많은 도움이 돼. '정전기를 잡아라!'라는 단원에서 정전기에 대해 배운다면 생활 속에서 정전기를 경험했던 일을 떠올려 생각나는 대로 적어 보는 거지. 이렇게 경험과 과학 지식을 연관지어 과학 원리를 정리하면 이해도 잘되고 기억에도 오래 남는단다.

정전기가 일어났던 경험

1. 빗질을 하는데 머리카락이 딸려 올라갔다.
2. 겨울에 스웨터를 입다가 따다닥 하고 정전기가 나서 따끔했다.
3. 겨울에 차문을 여는데 손끝이 찌릿해서 깜짝 놀랐다.

정전기란? 다른 물체를 문지를 때 생기는 마찰전기

다른 과학 원리들도 이렇게 경험과 연관지어 정리해 봐! 과학 원리를 정리하는 부분은 다른 색 글자로 눈에 띄게 적어 두렴.

세상을 움직이는 힘 에너지
신현정, 함석진 글ㅣ윤예지 그림ㅣ토토북

에너지를 왜 아껴 써야 하는지 생각해 보렴

에너지를 낭비해 에너지 나라로부터 에너지 사용을 금지당한 철이가 에너지 나라를 여행하며 에너지에 대해 알아 가는 이야기 책이야. 책 속 주인공 철이는 에너지 나라에 다녀온 후 에너지 절약에 앞장서 실천하는 아이가 된단다. 에너지를 아껴 써야 하는 이유와 새로운 에너지 개발에 대해 생각하게 만드는 책이야.

관련 과학 교과

5학년 1학기 **3단원** 식물의 구조와 기능 ㅣ 2학기 **3단원** 물체의 속력
6학년 2학기 **3단원** 에너지와 도구

다양한 종류의 에너지에 대해 알 수 있어

『세상을 움직이는 힘 에너지』는 에너지를 낭비해서 전기 사용을 금지당한 철이라는 아이가 에너지 나라에 가서 여왕님과 대신들을 만나서 에너지가 무엇인지 알아 가는 책이야.

'에너지 나라'라는 상상 속 공간에서 펼쳐지는 재미있는 판타지 이야기를 읽으면서 여러 가지 에너지에 대해 배울 수 있단다. 각각의 에너지가 사람처럼 에너지 나라의 대신으로 등장해서 설명하는 것이 기발하면서 재미있는 발상이지.

철이는 가장 먼저 빛 에너지 대신을 만나서 빛 에너지는 태양, 전등같이 밝게 빛나는 모든 것이 가지고 있는 에너지라는 것을 배우게 돼. 이 빛 에너지가 있기 때문에 사물을 볼 수 있고, 식물이 광합성을 하고, 그것을 모든 생물이 먹고 살 수 있다는 것과 태양을 직접 이용해 전기를 만들기도 한다는 것들을 배운다.

또 위치 에너지 대신을 만나 물레방아, 수력 발전소가 바로 위치 에너지를 이용한 것이라는 것과 높은 곳에 있는 물질이 가진 에너지를 위치 에너지라고 한다는 것을 알게 돼. 움직이는 모든 물체가 가지고 있다는 운동 에너지 대신도 만난단다. 운동 에너지 대신이 철이에게 가르쳐 준 것을 한번 볼까? 못을 박을 때 왜 망치를 뒤로 당겼다 때리는지 아니? 바로 속력을 높여 커진 운동 에너지를 이용해 짧은 시간에 못을 깊이 박기 위한 거야.

운동 에너지 대신은 위치 에너지 대신이 자기와 친하다는 얘기도 해준단다. 왜 친하냐고? 어떤 물체가 떨어질 때는 높은 곳에서 낮은 곳으로 움직이니까 위치 에너지가 줄어들지만 그만큼 움직이기 때문에 운동 에너지가 커진대. 그래서 자기들을 시소 놀이 친구라고도 한다나?

다음으로 철이가 만난 대신은 화학 에너지 대신이야. 화학 에너지는 이 세상 모든 생물에 들어 있대. 그게 무슨 말이냐고? 식물이 광합성을 통해 빛 에너지를 화학 에너지로 바꾸고, 그 식물을 동물이 먹어 에너지를 몸에 저장하기 때문이란다. 그러니까 바로 우리 몸속에 화학 에너지 대신이 있다 그 말이지. 그리고 우리가 가장 많이 사용하고 있는 전기 에너지 대신까지 만난 철이는 에너지 나라 이곳저곳을 탐험하면서 석탄, 석유, 바람, 원자력 같은 여러 에너지원들에 대해 좀 더 깊이 알게 된단다.

에너지 문제에 대해 생각해 볼 수 있어

에너지에 대해 알면 알수록 철없이 에너지를 낭비했던 자기를 반성하게 된 철이는 에너지를 왜 절약해야만 하는지 확실하게 알게 되지. 더불어 미래에 우리가 사용할 에너지에 대해 고민해야 한다는 걸 깨닫게 된단다.

사실 에너지를 절약해야 한다는 말은 우리가 거의 매일 듣는 말이라 해도 과언이 아닐 거야. 여름에는 너무 추워서 긴 팔을 입어야 할 정도로 냉방을 하고, 겨울에는 덥다고 반팔을 입으면서까지 난방을 해. 가까운 거리를 이동할 때 별 생각 없이 승용차를 이용하고, 이 방 저 방 불을 켜놓고 있는 경우가 많아. 이렇게 우리가 순식간에 낭비하는 에너지들은 수천만 년이나 걸려 만들어진 것이라는데 이러다 이 세상 에너지가 동나버리면 어떻게 될까?

책을 읽고 나면 우리도 철이처럼 에너지의 중요성을 알게 돼서 더 이상 에너지 낭비를 하지 않게 될 거야. 에너지 부족 문제는 전 세계적인 관심사기 때문에 너도나도 새로운 에너지원을 찾기 위한 노력을 하고 있어. 하지만 새로운 에너지를 개발하는 데는 많은 시간과 비용이 들기 때문에 당장의 해결책은 아니란다. 그래서 지금 우리가 할 수 있는 최선은 얼마 남지 않은 에너지를 아끼고 아껴 써야 한다는 거지. 에너지 부족에 대해 관심을 갖고 아끼려는 노력은 어린이들도 충분히 할 수 있고 당연히 해야만 해.

6학년 2학기 '에너지와 도구' 단원을 배울 때 에너지에 대한 여러 지식과 함께 '에너지 절약'이란 주제에 대해 깊이 있게 토의하는 시간이 있단다. 에너지 절약은 스스로 그 이유를 느끼고 깨달아 실천하는 것이 가장 중요해.

이 책의 '에너지 나라로 출발' '안녕하세요? 에너지 대신' '에너지는 어디서 왔을까?' 부분은 에너지가 없으면 일상생활이 어떻게 달라질지, 왜 에너지를 절약해야 하는지 그리고 어떻게 하면 에너지를 절약할 수 있을지에 대한 토의 주제에서 답을 찾을 수 있는 좋은 자료가 될 거야. 그리고 '새로운 에너지를 찾아서'에서는 새로운 에너지원으로 개발 가능한 에너지들을 여럿 소개하고 있으니 토의 주제에서 좀 더 확장된 방향을 제시하는 데 참고해 보렴.

제목을 꼼꼼히 읽어 보렴

책을 보니까 '밝게 빛나는 모든 것, 빛 에너지' '우리 몸속에도 있는 화학 에너지'와 같이 제목만 봐도 무엇을 알려 주려고 하는지 확실히 알겠더구나. 빛 에너지나 화학 에너지가 무엇인지 잘 몰라도 앞의 설명을 통해 어렴풋이나마 짐작되는 바가 있지 않니?

이런 경우에는 제목을 보면서 자기가 알고 있는 모든 지식을 동원해서 어떤 내용이 실렸을지 짐작한 후 책을 읽는 것이 좋아. 이렇게 본격적으로 읽기 전에 미리 예측하고 읽으면 생각하고 있던 것과 맞는지 확인하기 위해서 평소보다 훨씬 적극적으로 책을 읽게 된단다.

예를 들어 '검은 황금, 석유'란 제목을 읽고 '검은 황금, 석유? 석유를 왜 검은 황금이라고 하지?'라고 내용을 읽기 전에 먼저 생각해 보는 거야.

'아, 맞다. 유전에서 석유가 나오는 걸 보니까 진짜 까맣더라. 그럼 황금이라고 하는 이유는 뭘까? 황금처럼 비싸기 때문인가?' 하는 식으로 가능한 생각을 계속 이어 나가 보렴. 그러다 보면 자연스럽게 이미 알고 있거나 어디선가 들어본 적 있는 관련 정보들이 떠오를 수도 있단다.

석유를 보유하고 있는 나라들이 부자가 됐다는 얘기를 들어 본 사람도 있을 거고, 석유를 영어로 오일이라고 하니까 어디선가 들어본 '오일 달러'라는 말이 생각난 친구도 있을거야.

이렇게 제목과 관련된 생각과 정보들을 충분히 모은 후 책을 읽어 보는 거야. 책을 보니까 정말 석유를 검고 끈적끈적하고 미끌미끌하다고 했네. 그런데 검은 황금이라고 하는 이유는 비싸기 때문이 아니라 석유에서 뽑아낸 원료로 플라스틱, 나일론, 합성 고무, 아스팔트, 페인트 등 많은 것들을 만들기 때문이었어. '석유가 이렇게 다양하게 쓰이는 중요한 원료가 되기 때문에 검은 황금이라고 말하는 것이었군.' 하는 식으로 떠올렸던 생각과 비교하며 읽어 보는 거지.

어때? 책 읽는 것이 정말 흥미진진하지? 알던 것이 나오면 반갑고, 몰랐던 것이 나오면 새로워 더 관심이 갈 거야. 우리가 무언가를 배워 가는 과정은 이미 알고 있던 어떤 지식에 새로운 지식을 받아들이고, 혹시 잘못 알고 있었던 것이 있다면 조정해 가면서 머릿속에 확실한 지식으로 저장되어 가는 거야.

머릿속에는 어떤 식으로든 얻은 작은 지식 조각들이 많아. 이런 것들을 서로 관련지어 주는 활동을 많이 할수록 잊혀지지 않고, 필요할 때마다 '나 여기 있어.' 하면서 툭 튀어나와 또 다른 지식과 손을 잡는단다. 제목을 보고 예측한 후 읽는 방법은 지식을 습득하는 과정과 관련이 깊다는 걸 잘 알겠지?

별도로 설명한 정보들을 잘 활용해 봐

책을 읽다 보면 군데군데 여백을 이용해 '화석 연료가 뭐지?' '우라늄 원자 이름은 어떻게 붙일까?' '원자가 뭐지?' '이산화탄소와 온실 효과' 이런 제목으로 본문에서 미처 다루지 못했지만 꼭 알았으면 하는 내용들을 알려 주고 있어.

이 책은 주인공 철이가 에너지 대신을 만나 이것저것 물어보고 배워 가는 과정을 주요 이야기로 전개하고 있기 때문에 이야기 글에 좀 더 치중되어 있단다. 어렵고 딱딱한 내용을 쉽고 재미있게 읽을 수 있다는 장점이 있지만 모든 정보들을 알려 주기에는 한계가 있어. 그래서 여백에 작은 글씨로 그런 추가 정보들을 담아 둔 거란다.

책을 적극적으로 읽는 사람이라면 '화석 연료를 태울 때 나오는 건 오염 물질뿐이 아니란다. 이산화탄소라는 기체도 나오지. 이 기체는 지구를 따뜻하게 만든단다.'라고 말하는 에너지 대신의 말을 읽고 '이산화탄소가 왜 지구를 따뜻하게 만들까?' 궁금하고 자세히 알고 싶어지겠지? 그럴 때 바로 밑에 써 있는 '이산화탄소와 온실 효과'를 읽으면 된단다.

여백에 담긴 정보들이 글씨가 작아 어렵게 느껴질 수도 있겠지만 막상 읽어 보면 5학년 정도라면 충분히 이해할 수 있어.

보통 여백에 있는 내용을 읽지 않고 지나치기 쉬운데 이렇게 따로 써놓았다는 것은 설명할 필요가 있기 때문이린다. 그러니까 빼놓지 말고 읽도록 해야 해. 이산화탄소와 온실 효과만 해도 교과서에서도 배우는 중요한 내용이야. 에너지와 함께 알아 두면 좋은 관련 지식이니 꼼꼼히 읽어 두면 지식을 넓히고 확장해 나가는 데 도움이 될 거야.

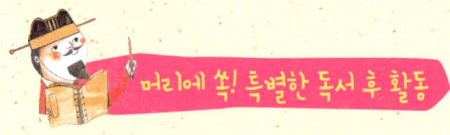

에너지 문제를 해결하기 위해 노력하는 사례를 찾아보렴

책을 읽으면서 느꼈겠지만 이 책의 작가는 에너지의 소중함에 대해 깨닫고 새로운 미래 에너지에 대해 고민하는 것이 필요하다고 말하고 있어. 그래서 지금 우리가 쓰고 있는 에너지는 어떤 것이 있는지, 이것들이 얼마나 오랜 시간에 걸쳐 만들어진 것인지, 그것을 얼마나 순식간에 우리가 써버리고 있는지의 과정을 통해 에너지 없이는 이 세상이 움직일 수 없다는 사실을 전하지. 또 그 에너지를 만드는 에너지원의 수명이 얼마 남지 않았다는 것을 경고하고 있어. 이번 기회에 에너지 문제를 해결하기 위해 노력하고 있는 사례들을 찾아보도록 하자. 그러면 고민의 실마리가 풀릴지도 몰라.

우리나라에도 청정 에너지 사용을 실천하는 지역이 있어.

전라남도 부안군의 돈계마을이란 곳이야. 이 마을 사람들은 지열과 태양열을 이용해 왕우렁이를 사육하고, 유채 기름을 디젤에 섞어 영농 기계를 작동하고 있대.

대체 열이 뭐야? 모닥불에서 태양열까지

성혜숙 글 | 신명환 그림 | 북멘토

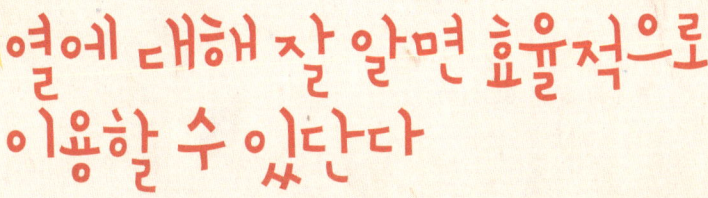

열에 대해 잘 알면 효율적으로
이용할 수 있단다

태풍과 같은 자연 현상 속에도 열이 숨어 있다는 걸 알고 있니? 사람이 살아가는 데 꼭 필요한 열에 대해 아주 쉽게 설명한 책이란다. 일상생활에서 열 때문에 생기는 일들과 열이 전달되는 전도, 대류, 복사 현상을 공부하는 데도 큰 도움이 될 거야.

관련 과학 교과

4학년 2학기 2단원 열 전달과 우리 생활
6학년 2학기 3단원 에너지와 도구

열의 다양한 쓰임을 알 수 있어

인간이 동물과 가장 크게 구별되는 점은 무엇일까? 무엇보다 '불'을 발견하고 사용했다는 점이 아닐까? 우연히 불을 발견하게 된 인간은 그전과는 다른 안전한 삶을 살게 되었어. 음식을 불에 익혀 먹게 되면서 질병을 줄였고 겨울에는 불을 때며 얼어 죽지 않을 수 있었지.

인간은 불을 잘 이용할 수 있게 되면서 더욱 인간다운 삶을 살게 됐어. 정확히 말하면 불에서 나오는 열을 잘 이용하게 된 후로 인간의 삶이 점차 발전되고 문명이 발달한 거야.

역사적으로 봐도 불과 열을 잘 다루어서 금속을 쓸 수 있었던 부족이 강력한 무기를 만들어 전쟁에서 승리하고 여러 부족을 합쳐 국가를 만들었다는 걸 알 수 있어. 결국 오늘날 현대 문명이 이렇게 발달하게 된 것은 인간이 불을 발견했고, 열을 지혜롭게 사용할 수 있었기 때문이라고 해도 과언이 아니야.

『대체 열이 뭐야? 모닥불에서 태양열까지』는 제일 첫 장에서 '열, 나를 찾아봐'라는 제목으로 열이 우리 곁에서 얼마나 많은 일을 하고 있는지 알려 주고 있어. 열이 왜, 얼마나 중요한지 깊이 생각해 본 사람은 거의 없을 거야. 그건 열이 눈에 보이지 않기 때문에 우리가 열과 함께 살고 있다는 걸 깨닫지 못하기 때문이지. 하지만 책에서는 열이 세상에서 사라졌다고 생각해 보면 금방 깨닫게 될 거라고 말한단다. 우선 맛있게 요리한 음식도 못 먹고, 한겨울에 찬물로 샤워를 해야겠지? 따스한 잠자리도 기대할 수 없어.

잠깐 눈을 밖으로 돌려 볼까? 땅속에 묻힌 씨앗에서 새싹이 나오는 것도, 나뭇가지에서 꽃망울을 터뜨리는 것도 햇볕이라는 열이 있어야 가능한 일이야. 거리를 달리는 자동차 역시 열이 없었다면 만들 수 없었을 거야. 열로 철을 녹여야만 자동차의 겉모양을 만들 수 있고, 음식을 담아 먹는 그릇 역시 열이 없었다면 구워 낼 수 없어.

열은 우리 몸에도 매우 중요하단다. 사람은 적당한 체온을 유지해야만 건강하게 살 수 있거든. 체온이 너무 올라가도, 너무 떨어져도 우리 몸의 세포들이 제대로 활동할 수 없어서 건강을 해치거나 생명을 잃을 수 있어.

실생활에 열을 어떻게 활용하는지 알 수 있어

이 책에서는 열은 어디에 있는지보다 열 때문에 무슨 일이 일어나는지가 더 중요하다고 해. 열이 벌이는 일 중에서 우리가 꼭 알아야 하는 것은 '열을 받으면 커진다.'는 사실이야. 사람들은 그 성질을 이용해서 하늘을 나는 커다란 풍선인 열기구를 만들었어. 열기구를 채우고 있는 작은 공기 알갱이들이 열을 받으면서 아주 활발히 움직여 공기주머니를 크게 부풀리는데 부피는 커지지만 공기 알갱이 수는 처음과 같기 때문에 열기구가 주위보다 가벼워져 공기 위로 떠오르게 되는 거야.

열은 공기 알갱이뿐 아니라 물질을 이루고 있는 알갱이들도 활발하게 움직여 부피를 커지게 해. 그래서 철길 선로에 쓰이는 철근의 연결 부위에 여유 공간을 남겨 두는 거야. 건물을 지을 때도 마찬가지지. 이렇게 물체가 열을 받으면 커진다는 사실을 몰랐다면 열기구를 날리지도 못했을 것이고, 한여름 뜨거운 열을 받은 철길이 휘어져 큰 사고가 났을지도 몰라.

4학년 2학기 교과서 '열 전달과 우리 생활' 단원에서 기체, 액체, 고체 상태에서 열이 어떻게 전달되는지, 우리 생활에서 어떻게 이용되고 있는지 아주 자세히 배우게 돼. 그때 이 책의 3장 '움직이는 열' 부분을 펼쳐 봐.

교과서에서는 생활 속에서 전도, 대류, 복사열이 어떻게 이용되고 있는지를 자세히 배운다면 이 책에서는 열이 전달되는 원리를 보다 상세히 설명해 주고 있어서 보다 폭넓게 공부하는 데 큰 도움이 될 거야. 특히 교과서 '내가 만든 보온병'에서는 집을 지을 때 보온성이 뛰어난 방한복, 보온병을 예로 들어 단열을 설명하고 있는데 이 책의 '열을 막아 주는 공기'를 보면 어떤 원리로 단열되는지 잘 알 수 있어.

내용이 어려울 때는 그림을 활용해 봐

책을 읽다가 좀 어려운 내용이 나오면 보통 '아, 이 책은 어렵구나.' 하고 책을 덮거나 이해하기 쉬운 곳만 찾아가며 읽을 거야. 그런데 이런 방식으로 책을 읽다 보면 정보를 주는 소중한 책들을 많이 놓치게 돼. 적어도 초등학교 4학년 이상이라면 이해하기 조금 버거운 내용이라도 이해하려는 노력을 하며 책을 읽어야 해. 그래야 점차 수준 높은 책을 읽을 수 있고 지식도 많아질 테니까.

이 책은 표지를 보고 한번 책을 훑어만 봐도 '이 정도면 쉽게 읽을 수 있겠구나' 하는 만만한 생각이 들 거야. 글씨도 큼직하고, 중간중간 만화처럼 말풍선이 있는 그림과 설명하려는 내용이 무엇인지 짐작할 수 있을 만한 그림들이 눈에 띄거든. 특히 과학책이 어렵다는 선입견을 가지고 있는 사람에게는 딱인 책이지.

그런데 막상 펼쳐 읽다 보면 군데군데 이해하기가 만만치 않을 거야. 이럴 때는 아까 말한 것처럼 쉽게 포기하지 말고 이해하려는 노력을 해야겠지? 다행히 이 책은 설명하는 내용에 딱 맞는 그림이 있으니까 그걸 보면 내용을 이해하는 데 큰 도움이 될 거야. 이 책처럼 독자에게 지식이나 정보를 알려 주기 위한 목적의 책에서 그림의 역할은 보통 글만 읽어서는 내용을 이해하기 어려울 때 글을 보조해서 설명하는 역할을 담당한단다.

'손에 손 잡고, 전도'를 보면 여러 명이 이불 밑에서 손을 맞잡고 신호를 전달하는 전기 놀이 그림이 있지? 이것은 물질끼리 서로 맞닿아 열을 전달하는 것이 '전도'라는 것을 설명하기에 알맞은 그림이야.

또 나란히 세워 놓은 나무 블록을 손가락으로 건드렸을 때 차례로 쓰러지는 그림도 있어. 이 그림은 뜨거운 것에 닿아 있는 알갱이가 열을 받아 움직이기 시작해서 옆에 있는 알갱이랑 부딪치면서 열을 전달한다는 말을 이해하는 데 도움을 주기 위한 그림이야.

이렇게 그림과 함께 내용을 이해하면 나중에 '전도'가 무엇인지 잘 기억나지 않을 때 이미지로 저장되었던 '전기 놀이'와 '차례로 쓰러지는 나무 블록' 그림이 기억을 되살리는 데 도움이 될 거야.

연필을 들고 읽으면 더욱 적극적으로 읽게 돼

책을 읽을 때 바람직한 자세 중 하나는 손에 연필을 들고 읽는 거야. 이건 책을 적극적으로 읽겠다는 준비가 되었다는 것을 뜻해. 책을 읽으면서 떠오르는 생각이 있거나 중요한 것이 있을 때 놓치지 않고 밑줄을 그으며 표시를 하고 기록할 수도 있어.

마음에 감동을 전하는 책을 읽을 때 아름다운 글귀에 밑줄을 긋고, 그때 그때 떠오르는 감동을 적어 놓으면 훗날 새롭게 감흥을 느낄 수 있어서 참 좋단다. 이 책처럼 지식을 전달하는 책을 읽는 경우에는 더욱 그래. 중요한 내용을 찾아 줄을 긋거나 간략하게 요약하는 등의 노력 없이 읽으면 분명히 읽었는데도 불구하고 꼭 필요한 내용이 생각나지 않거든.

하지만 연필을 들고 중요하다고 여기는 내용을 찾아 표시하고, 빈 공간을 이용해 메모하며 읽는다면 그 자체만으로도 책에 집중하게 하는 효과가 있어. 그리고 이렇게 메모해 놓으면 필요할 때 책을 처음부터 읽지 않아도 중요한 정보를 손쉽게 찾을 수 있지.

연필로 중요한 부분을 표시하며 읽을 때는 나름대로 몇 가지 규칙을 정하는 것이 좋아. '손에 잡히는 전도'에서 '물질을 이루는 작은 알갱이들끼리 열을 주고받으면서 전달되는 것을 '전도'라고 해.'를 읽는다면 '전도'처럼 개념에 해당하는 말은 색깔 연필이나 박스로 표시하고 그것을 설명하는 내용은 밑줄을 치는 거야. 책을 보면 개념에 해당하는 말에는 ' ' 표시를 해놓았기 때문에 중요한 핵심 내용을 고르는 데 큰 어려움은 없을 거야. 이와 같은 방법으로 '손에 잡히는 전도'를 읽었다면 표시한 것들을 한눈에 볼 수 있게 요약해 책의 빈 공간이나 붙이는 종이를 이용해 적어 두는 것이 좋아.

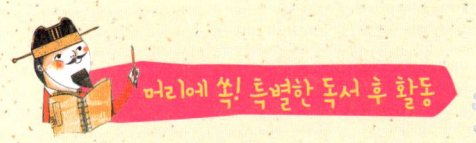

생활 속에서 사용되는 열의 원리를 찾아보렴

'열'에 대해 알게 되었다면 우리 생활 속에서 열의 원리를 찾아보도록 하자. 모를 때는 잘 안 보이던 것이 뭔가 알고 나면 '아하, 저것이 바로 이런 원리였구나.' 하고 깨닫게 되거든. 이런 것이야말로 책을 읽고, 뭔가를 배워 가는 기쁨이 아니겠니?

얼마 전 어떤 사극에서 작은 낙하산 같은 것에 소원을 빌어 하늘로 날려 보내는 장면이 있었어. 뭔지 찾아보니까 그걸 '풍등'이라고 한다는구나. 이 풍등은 얇은 종이를 이용해 열기구처럼 만들어서 하늘에 날리는 것인데, 풍선 같은 것에 줄을 매달아 아래쪽에 초를 태우는 거야. 그러면 촛불이 타면서 뜨거운 열이 위로 올라가는 성질 때문에 풍등이 하늘로 올라가는 거지. 열의 원리를 알고 나니 우리 조상들이 소원을 비는 수단이었던 풍등이 예사로 보이지 않지?

에어컨의 송풍구가 위쪽에 뚫려 있는 것도 차가운 공기는 아래로 내려오고 따뜻한 공기가 위로 올라간다는 열의 순환 원리를 이용한 것이야. 체온계로 열을 잴 수 있는 것은 온도가 올라가면 기체가 활발히 운동하기 때문에 부피가 늘어나고, 온도가 내려가면 기체의 운동이 활발하지 않아 부피가 줄어드는 그 원리 때문이고 말이지. 주위를 두리번거려 봐. 그러면 그동안 별 생각 없이 지나쳤던 것들에서 숨어 있는 '열의 원리'를 찾을 수 있을 거야.

풍등, 에어컨, 온도계… 또 뭐가 있을까?

별난 과학 물리 이야기
로버트 로랜드 글 | 우디 그림 | 그린북

물리의 기초 지식이 되는
힘의 원리를 알아보자

이 세상이 돌아가는 모든 것에는 힘이 작용한단다. 이 힘의 원리를 이용해 생활에 필요한 여러 가지 물건을 만들어 사용하기도 하지. 다양한 힘의 원리와 그것을 발견해 낸 과학자들을 소개하고, 간단한 실험도 해 볼 수 있도록 구성되어 있단다.

관련 과학 교과

4학년 1학기 **1단원** 무게 재기
6학년 2학기 **3단원** 에너지와 도구

힘의 원리를 이용하면 생활이 편리해

무거운 물건을 옮기거나 몇 시간 동안 대청소를 했다면? 또는 마라톤을 뛰거나 축구를 두 시간 동안 했다면 무척 힘이 들겠지? 이렇게 몸을 움직이거나, 물질을 움직일 때, 또 날아오는 공을 뻥 차서 움직이는 방향을 바꾸거나 할 때는 그만큼의 힘이 작용한단다. 그래서 힘들다고 하는 거야.

하다못해 가만히 누워서 숨만 쉬어도 힘은 들어간단다. 이렇게 작은 움직임에도 힘이 작용하는 이유는 세상의 모든 물질이 힘을 가지고 있기 때문이야. 그렇기 때문에 힘의 원리를 잘 알면 작용하는 힘을 그대로 이용하거나, 아니면 그 반대로 이용하거나 해서 아주 편리한 생활을 할 수 있단다.

생활 속에서 힘의 원리를 적용한 사례를 찾아볼까?

야구 시합할 때 투수가 공을 던지기 전에 하얀 가루가 든 주머니를 만지는 걸 본 적 있을 거야. 그 하얀 가루는 송진 가루인데 그걸 손에 묻히면 공이 미끄러지는 걸 방지할 수 있어서 투수가 공을 던질 때 방향이나 힘을 조절하기 쉬워. 장미란 역도 선수가 바벨을 들 때도 이 송진 가루를 손에 묻힌단다. 사물이 미끄러지지 않도록 하는 힘을 마찰력이라고 하는데 바로 마찰력을 높이기 위해 송진 가루가 사용되는 것이지. 자동차 타이어가 고무로 되어 있고, 면장갑 손바닥 부분을 고무로 코팅해 놓은 것도 같은 이유란다. 모두 마찰력을 높이기 위한 거야.

우리가 생활할 때 자주 사용하게 되는 펜치, 가위, 집게, 병따개, 족집게, 핀셋 같은 것들은 지레의 원리를 이용한 것이야. 그 외에도 용수철의 탄성을 이용한 저울, 고무의 마찰력을 이용한 자전거 타이어, 마찰열을 이용한 성냥 등 힘의 원리를 이용해 만든 물건은 정말 많단다. 힘에 대해 잘 알지 못했다면 이런 편리한 도구들은 만들어 내지 못했을 거야.

『별난 과학 물리 이야기』는 힘이 무엇인지, 힘이 어떤 원리로 작용하는지를 쉽게 풀어 놓은 책이야. 끝까지 읽고 나면 우리가 힘의 원리를 어떻게 생활에 활용하고 있는지 잘 알 수 있어. 그것을 계기로 힘의 원리를 생활에 적용하는 지혜를 배울 수 있을 거야.

미끄러운 목욕탕 바닥에 사람이 넘어지지 않게 표면이 꺼칠꺼칠한 스티커를 붙인다거나, 캔 뚜껑을 열다가 꼭지가 떨어졌을 때 숟가락 손잡이를 꼭지 떨어진 곳에 넣고 눌러 뚜껑을 여는 것처럼 말이야.

다양한 물리 상식을 쌓을 수 있어

물리(힘)에 대한 과학적인 사실들을 쉽고 재미있게 설명한 이 책은 첫 번째 장 '별난 과학 물리 이야기'에서 힘의 원리를 쉽게 알려 주고, 두 번째 장 '동화로 배우는 물리 이야기'에서는 주인공이 자전거를 타면서 경험하는 이야기를 통해 마찰력, 저항, 속력과 같은 과학적 지식을 알 수 있도록 했어.

세 번째 장 '위대한 과학자들'에서는 아리스토텔레스(BC384~BC322, 고대 그리스의 철학자이자 과학자), 갈릴레오, 뉴턴과 같이 유명한 과학자들의 업적과 함께 잘 알려지지 않은 얘기도 소개한단다. 갈릴레이 갈릴레오가 교회 설교 시간에 램프가 흔들리는 시간을 재서 진자의 원리를 알아냈다는 얘기, 너무 가난했던 아이작 뉴턴은 중력의 법칙과 운동 법칙이 실린 최고의 과학책 '프린키피아'를 출판할 수 없었는데 다행히 친구인 핸리가 비용을 대서 겨우 출판할 수 있었다는 얘기가 실려 있단다.

네 번째 장 '실험으로 배우는 물리'에서는 독자가 직접 실험에 참가할 수 있도록 꾸며져 있어. 물론 실험은 복잡한 도구가 필요하거나 위험한 것이 아닌 모두 쉽게 구할 수 있는 재료로 할 수 있는 간단한 거야.

마지막으로 다섯 번째 장 '놀라운 상식'에서는 물리에 관한 놀라운 과학 상식까지 실어 흥미를 돋운단다. 섭씨 4도씨의 물 1리터의 무게가 1kg이라고 보통 알고 있는데 사실은 물 1리터의 무게가 1kg이 조금 안 된다는 사실 알고 있니? 번지점프가 투아투의 펜티코스트 섬 원주민이 담쟁이를 발목에 묶고 높은 탑에서 뛰어내리는 전통 축제에서 유래했다는 사실은? 이 외에도 재미있는 과학 상식들이 '놀라운 물리의 요모조모'에 여럿 소개되어 있어.

　이 책이 매력 있는 이유는 이것
들뿐 아니라 학교에서 물리를 배울 때 좋은
참고 도서로서의 역할을 충분히 한다는 점이야. 4학
년 1학기 '무게란 무엇일까요?' 단원에서 무게란 지구가 물
체를 끌어당기는 힘의 크기라는 것과 용수철을 이용한 생활 도
구에는 어떤 것들이 있는지를 배우고 6학년 2학기 '에너지와 도구' 단
원에서는 지레와 도르레의 원리를 배워. '중력'과 '마찰력' '동화로 배우는
물리' 부분을 읽으면 도움이 될 거야.
　그리고 힘의 원리는 중학교에 가면 아주 자세히 배우게 되는데 '마찰' '뉴
턴의 법칙' '저항'이 그때를 대비한 배경지식을 쌓는 데 손색이 없을 거
야. 두껍지 않으면서도 꼭 필요한 내용은 빠지지 않고 실은 데다
흥미롭기까지 하다니 이보다 좋은 책이 또 있을까?

이렇게 읽어 보자!

책에 있는 퀴즈를 활용하렴

'별난 과학 물리 이야기'와 '동화로 배우는 물리 이야기'에서 힘에 대한 과학적인 사실들을 알게 됐다면 '퀴즈, 퀴즈!'를 꼭 풀어 보도록 해.

'퀴즈, 퀴즈!'는 앞에서 설명한 사실들을 얼마나 잘 기억하고, 이해하고 있는지를 확인히는 부분으로 이 책을 제대로 읽었는지를 최종으로 확인할 수 있단다.

문제는 중력, 뉴턴의 법칙, 원심력, 마찰력, 탄성에 관한 문제로 책에서 설명하고 있는 힘의 원리에 관한 일곱 문제야. 문제 형식이 객관식이라 책을 읽었다면 답을 고르는 것은 그다지 어렵진 않아. 단지 주의할 것은 답만 고르고 퀴즈를 마쳐선 안 된다는 거야. 그런 이 퀴즈 코너의 의도를 퇴

색시키는 거야.

퀴즈를 풀 때는 문제를 대충 읽지 말고 반드시 꼼꼼히 읽어 무엇에 대해 묻고 있는지를 제대로 파악해야 해. 굳이 제대로 문제를 읽어야 한다는 것을 강조하는 이유는 이것을 무시한 채 급하게 대강 읽고 문제를 풀게 되면 출제 의도를 제대로 파악하지 못하거나, 잘못 이해해서 아는 문제도 틀리는 일이 생기기도 하기 때문이야.

문제에서 묻는 것이 무엇인지 파악했다면 바로 책에서 읽은 관련된 내용을 떠올려야 하겠지? 이 책을 제대로 읽었다면 '우주인이 달에서 망치와 깃털을 떨어뜨렸습니다. 어떻게 될까요?'라는 문제를 읽고는 '중력'과 '공기의 저항'을 떠올리고 달에서는 공기의 저항이 없다는 것과, 공기의 저항이 없다면 중력에 의해 같은 속도로 떨어진다는 것을 기억해 내야 해.

이런 단계를 거쳤다면 맞는 답을 고르는 것은 어려운 일이 아니야. 단, 중요한 것은 왜 이것이 답인지, 왜 이 문항은 답이 아닌지를 말할 수 있어야 한다는 것이야. 그럴 수 없다면 그 문제를 제대로 알고 푼 것이 아니니 다시 앞으로 돌아가 해당하는 내용을 읽는 것이 좋겠지?

이렇게 퀴즈를 푸는 방법은 비단 이 책의 퀴즈 풀이뿐 아니라 학교에서 교과서 문제를 풀 때, 문제집 풀이할 때도 적용해 보도록 하렴.

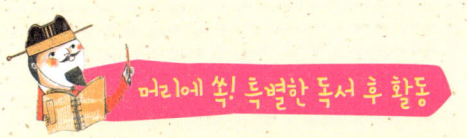

책에 소개된 실험을 직접 해보렴

이 책의 네 번째 장 '실험으로 배우는 물리'에서는 과학자의 실험 노트를 보여 준단다. 그러고는 독자들에게 진짜 과학자처럼 실험해 보라고 하지. 실험을 한 후에는 결과를 꼼꼼히 기록하라는 조언도 잊지 않아. 과학자의 실험 노트를 살짝 엿본 후 실험을 해보도록 해.

단, 실험을 할 때는 책에서 소개한 방법 외에도 이렇게 저렇게 실험해 보고 또 정말 책에서 말한 대로 결과가 나오는지, 그런 결과가 나오는 이유가 무엇인지를 앞에서 읽은 과학 지식을 토대로 생각해 보는 거야. 물론 '과학의 비밀'에 실험 결과와 이론 배경을 설명해 놓았지만 나름대로 이유를 따져 보는 것이 과학에 접근하는 자세거든.

한쪽 팔에 힘을 꽉 주고 구부린 채 다른 팔로 구부린 팔을 밀어 보는 실험을 한번 해봐. 팔을 펼 수 없지?. '과학의 비밀'을 보면 팔을 움직이는 두 개의 근육 중 앞쪽의 근육이 팔꿈치쪽 근육보다 크고 강하기 때문에 이런 결과가 생긴다고 되어 있네.

친구들에게 '자, 내가 팔을 구부리고 있을 테니 한번 펴볼래?' 하고 힘 자랑을 해볼 수도 있겠다. 이 비밀을 아는 친구가 있을까? 여기 소개된 실험들은 모두 이렇게 재미있는 것들이란다.

과학책 도서관 세 번째 책장

생명의 소중함을
마음 깊이 느껴 보렴

과학하면 딱딱하고 복잡한 실험부터 떠오르겠지?
하지만 과학은 생명의 소중함을 배우는 따뜻한 과목이란다.
우리 몸, 동식물들의 한살이를 배우면서 생명의 소중함을 느껴 보렴.

놀라운 인체 이야기

권오길 글 | 박종호 그림 | 애플비

우리 몸에 대해 알아 가는
과정이 곧 과학 공부란다

인체에 관한 모든 내용을 한 권에 담은 책이야. 순환 기관과 호흡 기관, 소화 기
관, 배설 기관, 생식 기관, 감각 기관은 모두 하는 일이 다르지만 서로 긴밀하
게 연관되어 있음을 알려 줘. 우리 몸에 대한 과학 지식을 배우는 동시에 소중
한 몸을 아끼고 사랑해야 한다는 점을 깨닫게 될 거야.

관련 과학 교과

5학년 2학기 1단원 우리 몸

고고서에 나오는 인체를 자세히 설명해

『놀라운 인체 이야기』는 인체에 관한 모든 것을 밝혀 놓은 책이야. 세포 이야기를 비롯해 호흡, 밥 먹고 똥 누기까지의 소화, 신체 기관 등 초등 교과서에 나오는 우리 몸의 생김새를 자세히 설명해 놓았어. '달팽이 박 사'로도 유명한 권오길 선생님은 대학에서 생물학을 가르치고 있단다.

우리 몸을 순환 기관, 호흡 기관, 소화 기관, 배설 기관, 생식 기관, 감각 기관으로 나누어 설명하고 있는데, 각 장의 제목을 참 재미있게 지었어. '피가 돌고 산소가 도는 쉴 틈 없는 이야기, 먹고 마시고 화장실 가는 배부 른 이야기, 오줌 누고 땀 흘리는 이야기, 아기가 생기는 이야기, 보고 듣고 느끼고 생각하고 움직이는 이야기'야. 어때? 제목만으로도 어떤 기관을 설 명하고 있는지 충분히 예상할 수 있겠지?

본문은 글과 만화로 구성되어 있는데 각 주제마다 도입부를 만화로 꾸며 호기심과 흥미를 먼저 갖게 한 뒤 설명 글을 접하도록 구성해 놓았어. 정 보와 유머를 섞은 만화를 먼저 읽으면 그다음 내용이 궁금해지기 마련이 지. 등장인물인 마루와 삼촌의 코믹한 캐릭터가 흥미로운 소재와 함께 어 울려 인체에 대한 상식을 잘 전달하고 있단다.

본문 내용에서 다루지 못한 기타 정보는 토막 상식으로 곁들여 놓았어. 우리 눈이 볼 수 없는 것, 여자가 남자에 비해 더 진화한 동물이라는 점,

오줌을 참으면 안 되는 까닭 등 평소 궁금할 법한 것들을 짤막하게 설명하고 있단다.

교과서에 없는 지식까지 보충할 수 있어

5학년 2학기가 되면 우리 몸에 대한 것을 배운단다. 교과서에서는 뼈와 근육, 소화 기관, 순환 기관, 호흡 기관, 배설 기관, 감각 기관과 신경계로 분류해 놓았어. 우리 몸의 기관과 하는 일을 모두 공부하게 되는 거지. 하지만 학교 수업 시간은 정해져 있기 때문에 관련 지식을 온전히 공부하기는 어려울 거야. 이때 『놀라운 인체 이야기』를 읽으면 많은 도움이 될 거야. 기왕이면 5학년 여름 방학에 미리 읽어 두어 2학기 과학 수업을 대비할 수 있으면 좋겠구나.

생물이 어려워서 읽기 싫었던 친구라도 걱정할 것 없어. 교과서와는 달리 재미있게 구성되어 있어서 부담 없이 배경지식을 쌓을 수 있어. 교과서에서 다 설명하지 못한 인체 이야기도 이 책으로 충분히 보충 학습할 수 있어.

공부한다는 생각을 버리고 내 몸을 알아 가는 과정이라고 생각하고 보면 책 읽기가 한층 흥미로워질 거야.

작가는 복잡하고 정교한 우리 몸의 구조에 대한 이야기와 함께 인체의 소중함을 강조하고 있단다. 이 책을 읽으면서 과학적 지식뿐만 아니라 우리 몸은 소중하다는 점을 꼭 기억하려무나. 우리 몸을 아끼고 사랑해야 한다는 것을 절대 잊지 마.

백과사전을 읽듯 읽으면 효과적이야

이 책은 반드시 순서대로 읽지 않아도 된단다. 인체의 일부분이 하나의 주제로 다뤄지고 있기 때문에 백과사전을 보듯이 먼저 읽고 싶은 기관부터 펼쳐 봐도 돼. 평소 내 몸에서 가장 궁금했던 기관부터 읽어 보렴.

책을 다 읽은 뒤 다시 확인해 보고 싶은 내용이 있다면 '찾아보기' 목록을 활용해 봐. '찾아보기'는 책을 읽었지만 자세히 기억이 나지 않을 때, 책을 읽은 지 한참이 지난 뒤에 다시 찾고 싶은 내용이 생각났을 때 유용하게 쓰이지.

'찾아보기'는 책의 맨 끝에 나와 있어. 해당되는 쪽수와 함께 ㄱ, ㄴ, ㄷ 순서로 나열되어 있어 궁금한 목록을 쉽게 찾을 수 있단다. 150쪽과 171쪽에 '멜라닌'이 있다고 제시되어 있구나. 150쪽에는 멜라닌 색소 때문에 눈조리개의 색깔이 달라진다는 내용이 있고, 171쪽에는 멜라닌 색소가 피부

색을 결정한다는 내용이 있단다. 어때? 내용을 재확인할 때 활용할 수 있겠지?

과학이라면 딱 질색인 친구들은 만화를 꼼꼼하게 보렴. 일상생활에서 누구나 흔히 겪는 일들을 마루와 삼촌을 통해 재미있는 상황으로 엮어 나가고 있어. 그런데 만화를 보는 친구들 중에는 그 안에 있는 의미는 찾지 못하고 우스운 말투나 장면만 기억하는 경우가 많아. 만화 안에서 정보를 찾으려 노력하면 그것만으로도 적지 않은 공부가 된단다.

처음에 나오는 '삼촌과 피로 맺어진 인연'을 보면 덩치 큰 삼촌이 헌혈차에 끌려가는 모습이 있어. 낄낄거리면서 볼 수 있는 재미있는 장면이야. 그런데 거기서 알아 둘 정보는 몸무게가 많이 나가는 사람은 피의 양도 많다는 사실이야. 바로 뒷장을 넘기면 토막 상식에 잘 나타나 있단다. 그러니 웃기는 장면이라고만 여기지 말고, 만화에 포함된 정보를 내 것으로 만들어 보렴.

만화 속에도 많은 정보가 들어 있지? 그래서 이 책을 읽을 때는 만화도 역시 꼼꼼하게 읽어야 해. 그림만 볼 게 아니라, 말주머니 속 글도 유심히 살피렴. 만화를 보다가 흥미가 생겨서 더 자세히 알고 싶으면 그때 본문을 읽으면 된단다.

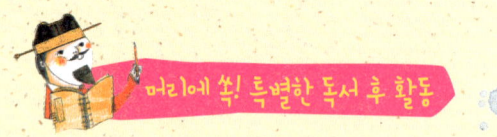

중요한 내용으로 요약 노트를 만들어 보렴

순환 기관, 호흡 기관, 생식 기관, 오감의 감각, 배설 기관의 중요한 내용만 요약해 봐. 공책에 인체를 그리고 그 옆에 책에서 찾은 정보를 적으면 나만의 요약 노트가 된단다.

신장이나 위장, 대장, 소장 그리고 간장과 허파, 생식기 등 인체의 내부를 그리고 그 옆에 기관의 생김새와 구성, 역할 등을 찾아 적는 거지. 그러면 이 책의 지식이 어느새 정보를 쉽게 잊지 않는 장기 기억으로 자리 잡게 될 거야.

인체를 직접 그리기 어렵다면 인터넷에서 인체 내부 모습을 찾아서 출력해 활용해도 좋아. 출력한 그림에는 각 기관의 이름이 표시되어 있을 거야. 그 옆 공간에 책을 읽고 기억나는 내용을 죽 정리해 보는 거야. 그리고 책을 다시 펼쳐서 빠진 내용이 없는지, 틀린 내용이 없는지 찾아서 다른 색깔 펜으로 추가 내용을 정리해 두렴. 이 방법으로 아는 것을 정리하고 나면 우리 몸에 대해 척척박사가 되어 있을 거야.

5학년이라면 5학년 2학기 1단원 '우리 몸'을 배울 때 요약 노트를 활용해 보렴.

나무 의사 큰손 할아버지

우종영 글 | 백남원 그림 | 사계절

나무의 생명은
사람 목숨만큼 중요해

아픈 나무를 보살피며 외딴 산골에서 생활하는 할아버지의 이야기야.
죽어 가는 나무들을 살리기 위해 동분서주하는 할아버지의 이야기를 읽다
보면, 어느새 인간이 나무에게 얼마나 많은 피해를 주고 있는지 반성하게 될
거야.

관련 과학 교과

4학년 **1학기** **3단원** 식물의 한살이	**2학기** **1단원** 식물의 세계	
5학년 **1학기** **3단원** 식물의 구조와 기능		
6학년 **1학기** **4단원** 생태계와 환경		

나무에 대한 새로운 사실들을 알 수 있단다

『나무 의사 큰손 할아버지』는 할머니의 뼛가루가 묻힌 돌배나무와의 가슴 아픈 추억을 지닌 채 살아가는 할아버지 이야기란다. 이 돌배나무는 도로 포장에 밀려 이사를 하게 되는데 이때 얻은 병을 이기지 못한 채 죽어 가게 되지. 할머니의 영혼이 깃든 나무를 살리지 못한 할아버지는 치료조차 받지 못하고 죽어 가는 아픈 나무들을 돌보느라 바쁜 나날을 보낸단다.

이 책은 할아버지의 안타까운 사연이 펼쳐지는 가운데, 식물에 대한 지식을 전달하는 방식으로 전개돼. 할아버지가 손녀에게 보낸 편지 가운데 나무를 옮겨 심는 방법을 설명한 부분이 있는데. 그 부분을 읽다 보면 미처 생각지도 못했던 정보가 가득하단다. 양지를 좋아하는 나무가 있는 반면 음지를 좋아하는 나무가 있다는 사실이나 나무를 옮길 때는 나무가 심겨질 땅과 주위 환경을 꼼꼼히 따져보고 옮겨야 한다는 점은 우리가 미처 생각하지 못했던 것들이지.

할아버지의 이야기는 동화의 형식을 띠면서도 나무에 대한 색다른 시각을 열어 준단다. 동화를 읽는 느낌으로 지식을 넓히는 일석이조의 효과가 있는 책이지. 『나무 의사 큰손 할아버지』에 소개되는 나무만 해도 이십여 종류나 돼. 그 밖에 나무 심기 방법과 옮겨 심을 때의 주의점, 상처 난 나무를 치료하는 방법, 나무의 생존과 직결되는 뿌리의 역할, 나무를 손질하는 방법 등을 알 수 있어.

나무와 함께 사계절을 보내는 할아버지의 이야기를 읽는 사이사이에 마치 식물도감에서나 볼 수 있는 그림들을 감상할 수 있어. 잎이나 열매, 뿌리 등 식물의 특징적인 부분을 그림으로 곁들여 이해를 돕는단다. 이 그림은 작가가 산으로 들로 다니며 직접 취재하여 쓰고 그린 작품이야.

식물의 구조와 각 부분의 기능에 대해서는 5학년 1학기 때 상세히 배운단다. 이 책에 소개된 나무뿌리와 잎, 열매의 구조와 하는 일을 읽는다면 지식 확장에 도움이 되겠지?

6학년 1학기에는 생태계 보존을 위한 환경 보호의 중요성을 배운단다. 책 속의 큰손 할아버지가 추구하는 삶이야말로 환경 보호며, 생태계 보존이야. 교과서 공부와 함께 이 책의 주제를 관련지으면 이 세상에 가치 있는 일들에 대해서도 깨달을 수 있을 거야.

이렇게 읽어 보자!

책을 읽으며 문제의식을 키워 보렴

책을 읽다 보면 '나무가 숨을 쉬어야 사람도 숨을 쉴 수 있답니다.'는 내용이 있단다. 나무가 공기의 순환을 도와 도시 환경을 맑게 해준다는 것은 잘 알려져 있어. 하지만 나무도 우리 인간처럼 숨을 쉬어야 한다는 사실에

대해서 생각해 본 적이 있니?

이 책을 통해 평소 생각하지 못했던 것들에 대해 고민해 보려무나. 이러한 생각이 문제의식을 키우는 첫 단계라고 할 수 있단다. 문제의식이란 사회에서 일어나는 현상 가운데 문제가 있는 것들을 찾아 적극적으로 해결해 보려는 마음을 말해.

이 책의 주요 내용이 병든 나무를 고치는 나무 의사 선생님에 관한 이야기이다 보니 병든 나무에 관한 내용이 많아. 나무가 병든 다양한 이유에 대해서 읽다 보면 자신도 모르게 문제의식을 갖게 된단다. 특히 인간이 훼손한 환경 때문에 나무가 병든 경우라면 더더욱 그렇지.

가로수에 어지럽게 묶인 현수막 끈이나 전깃줄이 나무의 성장을 방해하는 그림을 보면 가슴이 답답해지지 않니? 나무뿌리가 전깃줄과 엉켜서 숨도 쉬지 못할 것 같은 장면을 보고도 아무런 감정이 생기지 않는 사람은 문제의식이 부족한 거란다. 또한 나무를 잘라 분재로 만들다가 정작 나무는 시들어 죽을 지경으로 만든 이야기를 읽다 보면, 인간이 욕심을 버렸을 때 모든 생명이 어울려 살 수 있음을 깨닫게 될 거야.

　이런 장면을 읽을 때 '나무들이 숨을 쉴 수 없겠구나. 그렇다면 어떻게 도움을 줄 수 있을까? 과연 내가 할 수 있는 방법은 뭘까?' 하고 문제를 해결할 수 있는 실천 사항을 생각해 봐.

나뭇가지를 함부로 꺾지 않는 일, 현수막을 나무에 거는 장면을 목격하게 되면 신고하는 일, 나무줄기에 칼로 새겨 낙서하지 않기 등 여러 방법이 떠오르지? 또 친구나 가족들에게도 알려서 함께 실천하는 것도 우리가 할 수 있는 일이야.

문제의식을 갖고 주변을 살펴보면 호기심과 관찰력이 생기고, 무엇이 옳고 그른지를 판가름하는 비판력도 길러진단다. 무엇보다도 이 문제의식은 해결 방법을 찾아내는 중요한 열쇠가 돼.

문제의식이 어떻게 해결 방법을 찾는지 볼까? 도시에서 볼 수 있는 나무로 가로수가 가장 흔할 거야. 작은 공원에라도 가면 단풍나무나 은행나무, 소나무도 있어. 그 나무들이 지금 어떤 모습을 하고 있는지 떠올려 보렴. 포장된 도로 주변에 겨우 뿌리의 일부분만 땅에 박힌 채 나무 주변은 온통 시멘트로 덮여 있지는 않은지 말이야. 이런 문제를 발견해도 직접 나서서 해결하기 쉽지 않다고? 그렇다면 시청이나 구청에 가서 도움을 요청하는 건 어떨까? 인터넷에 문제 상황을 올려 많은 사람들과 문제점을 공유하고 해결 방법을 함께 고민할 수도 있어. 이번 기회에 환경 지킴이, 나무 지킴이가 되어 보렴. 우리가 쓴 글을 읽은 사람들은 나무 보호의 중요성을 깨닫게 되고, 나아가 환경 보호 정책에도 활용될 수 있단다.

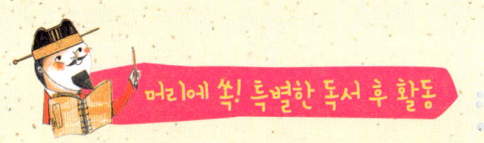

책을 읽은 소감을 글로 표현해 보렴

이 책을 읽으며 인상적인 부분들을 찾아보고, 평소 무심코 지나쳤던 작은 생명의 소중함에 대해서 생각해 봐. 큰손 할아버지가 어떤 마음으로 아픈 나무들을 보살피는지 떠올리며 이때 자신은 어떤 마음이 들었는지 간단하게 글로 표현해 보자꾸나.

독서 감상문처럼 책의 내용을 간추려 쓰기보다는 형식에 얽매이지 않은 채 자유롭게 자기 소감을 써보는 거야. 생각을 솔직하게 적는 것이 가장 중요하단다.

나무에 관심이 많다면 나무 의사에 대해 알아 두렴

과연 아픈 나무를 치료해 주는 큰손 할아버지와 같은 일을 하는 사람이 정말 있을까? 나무 의사는 실제로 있단다. 나이가 많아 가지를 지탱하기조차 힘들어 하는 나무, 자동차에 치여 상처를 입거나 대기 오염으로 질식할 지경에 이른 나무, 병충해로 죽어 가는 나무, 천연 문화재로 보호를 받아야 하는 나무 등 다양한 사연을 지닌 나무를 맡아 보호하고 치료하는 직업이지.

나무를 좋아하고, 나무에 대해 잘 알아서 상처를 치유하거나 보호해 줄 마음이 있는 사람들은 누구나 나무 의사가 될 수 있어. 하지만 전문적인 지식과 기술을 가진 나무 의사가 되려면 대학에서 관련 학문을 공부해야 해. 평소 나무를 좋아하는 친구들은 이 기회에 나무 의사에 대해 더 알아보고 한번 도전해 보렴. 물론 큰손 할아버지처럼 나무를 무척 사랑할 줄 아는 사람이어야 한단다.

알고 보면 더 재미있는 곤충 이야기

김태우, 함윤미 글 | 공혜진, 고상미 그림
| 뜨인돌어린이

알면 알수록 곤충의 세계는 신기하단다

곤충 전문가인 김태우 박사님이 쓴 책으로 어린이들이 곤충을 더 잘 이해하고 사랑하기를 바라는 마음이 담겨 있단다. 잠자리나 장수하늘소 같이 잘 알려진 곤충은 물론 잘 알려지지 않은 신기한 곤충들의 이야기를 만나 봐. 책에서 본 곤충을 실제로 만나게 된다면 참 반가울 거야.

관련 과학 교과

3학년 1학기 **3단원** 동물의 한살이
5학년 1학기 **4단원** 작은 생물의 세계
6학년 1학기 **4단원** 생태계와 환경

곤충에 대한 여러 정보를 얻을 수 있어

숲에 가면 도시 생활에서 볼 수 없었던 신기한 것들로 가득해서 나무와 풀, 꽃이나 열매, 곤충과 개구리 등에 마음을 뺏기곤 한단다. 또 책에서 본 동식물을 직접 보게 된다면 알고 있는 지식과 실제 모습이 같은지 확인하기 위해 아주 자세히 들여다보게 되지.

'곤충'이라 하면 징그러운 벌레가 연상되고, 좀처럼 친해지기 어려운 존재로 여겨지곤 해. 하지만 『알고 보면 더 재미있는 곤충 이야기』의 표지를 장식하고 있는 그림 속 곤충은 왠지 만져 보고 싶은 충동이 생길 정도로 예쁘단다. 곤충은 다양한 모양과 색깔을 가지고 있고, 가만 들여다보면 꼬물거리는 모양이 신기해서 자꾸만 보고 싶어지는 매력을 지니고 있어.

이 책의 본문은 모두 여섯 개의 장으로 구성되어 있어. 첫 장에서 곤충 전문가인 이 책의 작가는 "곤충이야말로 지구의 주인"이라고 얘기한단다. 곤충이 인간보다 훨씬 먼저 지구상에 자리를 잡았고, 또 인간의 수에 비교도 되지 않을 만큼 많은 수의 곤충이 있기 때문일 거야.

3학년 1학기 교과서에서 '동물의 한살이'를 배우는데 배추흰나비와 장수풍뎅이, 사마귀, 잠자리의 한살이 과정을 사진으로 보여 준단다. 이 작은 곤충들의 성장 과정을 세밀하게 관찰할 때 이 책의 1장을 참고하면 학교 수업에 큰 도움이 될 거야. 곤충의 생김새와 특징, 그 밖의 곤충에 대한 기

본 상식으로 나누어 설명하고 있어서 곤충에 대해 좀 더 상세하고 정확한 정보를 얻을 수 있거든. 또 관찰 일지 쓰는 방법도 소개되어 있어서 교과서와 함께 보면 더욱 다양한 정보를 얻을 수 있을 거야.

2장부터 6장까지는 '여러 모로 고마운 곤충' '물고 뜯고 해로운 곤충' '곤충의 사랑' '곤충의 갖가지 무기' '이제는 사라져 가는 우리의 곤충들'로 나누어, 평소 우리가 자주 접하는 해충에서 평생 한 번 보기 어려운 신기한 곤충들까지 다양한 곤충들의 모습과 특징이 담겨 있단다.

6학년 1학기 교과서에서 '생태계와 환경'을 학습할 때 이 책의 '이제는 사라져 가는 우리의 곤충들'을 함께 보면서 생태계 파괴로 인해 죽어 가는 생물들의 실태를 파악해 보려무나. 환경 오염 때문에 사라져 가는 꼬마검자리, 비단벌레, 장수하늘소와 같은 희귀한 곤충을 보면 안타까움을 느낄 거야. 작은 생물들이라고 하여 하찮은 존재가 아니라 저마다 제 역할을 하고 있다는 걸 알게 된다면 환경 보호의 중요성을 더욱 잘 알게 되겠지?

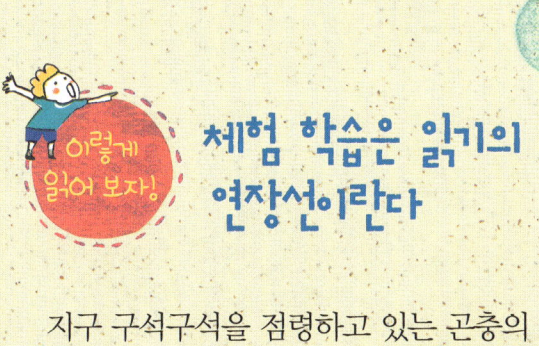

체험 학습은 읽기의 연장선이란다

지구 구석구석을 점령하고 있는 곤충의 세계는 알수록 신기하단다. 곤충처럼 자연 속에 사는 생물을 이해하기 위해서는 책을 읽을 때 체험 활동과 연결하면 훨씬 이해하기 쉽지.

알고 있는 지식이 눈으로 확인되면 그 순간부터 무한한 즐거움에 빠져들게 되고, 집으로 돌아오면 다시 책을 펼쳐 숲에서 본 동식물을 또다시 들춰 보게 될 거야. 그래서 『알고 보면 더 재미있는 곤충 이야기』는 생태 체험을 하기 전에 반드시 읽어 볼 만한 책이란다.

책에서 읽은 내용은 바로 생태 체험에서 확인할 수 있고, 실제로 본 내용들은 책을 읽으면서 되짚어 볼 수 있거든. 같은 것을 반복해서 봤을 때 기억이 더 잘 되고, 색다른 체험을 했을 때는 기억에서 영원히 사라지지 않는단다. 생태 체험을 가기 전에 반드시 읽어야 할 책 목록에 이 책을 꼭 추가하렴. 반대로 곤충을 관찰하거나 채집한 경험이 있다면 이 책을 읽을 때 그때의 경험을 되살려 보려무나.

책에서 읽은 내용을 체험과 관련짓는 방법은 아주 쉽단다. 작가가 쓴 내용을 눈으로 직접 확인하는 것부터 시작하면 돼. 밑에서 위로 올라가며 먹이를 찾는 무당벌레의 습성을 관찰할 수 있다면 행운일 거야. 먹이를 찾아 날아가면 될 것을 무당벌레는 일단 끝까지 한참을 기어 올라갔다가 먹이를 찾지 못하면 그제서야 날아간다는구나. 무당벌레를 만나면 이 점을 꼭 기억했다가 관찰해 보렴.

체험 활동을 하기 전에는 '나도 미래의 곤충학자'라는 부분을 꼼꼼하게 살피렴. 가장 먼저 곤충 채집에 대한 내용이 나온단다. 그다음으로 곤충 표본 만들기와 보관하는 방법, 곤충 관찰 일지 쓰기와 곤충 키우는 방법까지 소개되어 있어.

물론 곤충을 채집하는 일은 아주 조심스러운 일이야. 환경 오염으로 곤충이 많이 보이지 않기도 하거니와 곤충을 보호해야 하는 차원에서 함부로 잡으면 안 되기 때문이지. 운 좋게 곤충을 잡았거나 죽은 성충을 발견했다면 표본을 만들어 보고 곤충 관찰 일지도 써 보렴. 채집에 실패했다면 우리 주위에서 흔히 볼 수 있는 곤충부터 관찰하는 방법도 좋겠지?

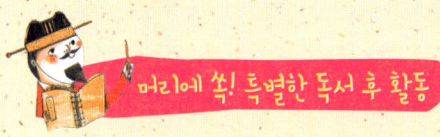

세밀화 카드로 게임을 해보렴

책에 포함돼 있는 세밀화 카드를 이용해 재미있게 놀면서 공부도 되는 게임을 할 수 있어. 카드 앞면에는 곤충 그림이 있고, 뒷면에는 그 곤충의 이름과 특징들이 적혀 있단다. 이 카드를 한 장씩 잘라서 게임을 해보렴.

규칙은 간단해. 우선 상대방과 카드를 똑같은 개수로 나눈 뒤, 가위바위보를 해서 진 사람이 먼저 자기가 가진 세밀화 카드의 앞면, 곤충 그림만 상대방에게 보여 주는 거야. 그러면 상대는 그 곤충의 특징에 대해 설명해야 하지. 설명에 성공하면 그 카드는 상대방 것이 되고 반대로 설명을 제대로 하지 못하면 기회는 다른 사람에게 넘어간단다.

수많은 곤충의 특징을 다 아는 사람은 거의 없기 때문에 스무고개를 하는 것처럼 약간의 힌트는 주기로 하자. 단, 질문은 다섯 가지로 제한해 두기로 하고, 질문에 답을 해주면서 힌트를 주는 것도 좋겠지? 질문에 답을 할 때는 빙빙 돌려서 말을 해야 한결 재미있단다.

카드를 더 만들어 활용해 봐. 곤충 그림이나 사진을 복사해도 되고, 아니면 직접 곤충을 그려 보는 것도 좋아.

민들레 씨앗에 낙하산이 달렸다고?
햇살과 나무꾼 글 | 김영장 그림 | 시공주니어

먹이 사슬의 기초인
식물에 대해 알아볼까?

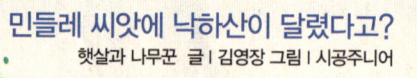

식물의 다양한 생존 방법과 번식을 소개한 책으로, 약해 보이지만 의외로 강력하고 신기한 방법으로 생존을 위해 애쓰고 있는 식물의 세계를 알 수 있어. 치열한 방법으로 자신을 지키고 씨앗을 퍼뜨리기 위해 애쓰는 식물 이야기를 읽다 보면 작은 풀 한 포기도 소중히 하게 될 거야.

관련 과학 교과

4학년 1학기 3단원 식물의 한살이 | 2학기 1단원 식물의 세계
5학년 1학기 3단원 식물의 구조와 기능
6학년 1학기 4단원 생태계와 환경

식물들의 다양한 생존법을 알 수 있어

『민들레 씨앗에 낙하산이 달렸다고?』에는 '식물의 살아남기 대작전'이라는 부제가 붙어 있어. 제목만으로도 식물의 치열한 삶이 엿보이지 않니? 표지를 장식하고 있는 민들레꽃에서 풍성한 땅의 기운을 느낄 수 있는데, 유화 색채가 주는 강렬한 느낌 때문이란다. 유화로 표현한 씨앗과 꽃, 풀과 나무들에서 생동감과 생명력이 느껴지는 듯해.

이 책을 펼치면 야외에 나가면 지천에 피어 있는 '민들레'에서 아마존 강 유역에 사는 '아마존수련'까지 다양한 식물의 생태와 생존 전략을 만나 볼 수 있단다.

나무, 꽃, 풀과 같은 식물은 평생 제힘으로 움직이지 못하고 한자리에서 살아야 해. 그래서 대개는 동물이나 인간에게 밟혀 죽거나 먹이가 되곤 하지.

자신을 잡아먹는 천적으로부터 식물이 살아남기 위해 할 수 있는 일은 뭘까? 뾰족한 가시로 온몸을 감싸거나 지독할 정도로 강한 향을 내뿜기도 하고, 건드리면 죽은 시늉을 하기도 한단다. 또 자손을 퍼뜨리기 위한 몸부림도 아주 치열해. 민들레처럼 씨앗을 날려 보내는 식물이 있는가 하면 씨앗을 물에 띄워 보내는 식물도 있단다. 씨앗 주머니를 가지고 있어서 주머니를 터뜨리는 방법을 쓰기도 해.

식물도 저 나름대로 살아가는 방법을 마련해 두고 있다니 대단하지 않니? 물론 소리나 동작으로 의사 표현을 하는 동물들과 달리 식물의 생존 방법이나 생태 특성을 알아내는 것은 그리 간단하지 않단다.

이 책은 살아남기 위해 참으로 별난 방법을 쓰는 식물들, 신기한 꽃가루받이를 하는 식물과 씨앗을 퍼뜨리는 다양한 방법, 동물의 힘을 빌려 번식에 성공하는 식물 등 비밀스런 이야기로 꽉 차 있어.

식물도감처럼 활용할 수 있단다

6학년이 되면 '생태계와 환경'을 공부하는데 '식물'은 빠질 수 없는 주제란다. 식물이야말로 생태계 균형의 가장 기초 단위로 모든 생물을 먹여 살리는 생산자이기 때문이지.

식물이 생태계 먹이 사슬의 가장 낮은 단계의 생산자이면서 지구 생물의 생명을 유지해 주는 기본 요소가 된다는 것쯤 알고 있지? 생태계 균형을 이루는 가장 기초 단위인 식물을 아는 것은 생물 공부의 첫걸음이란다.

본문에서 다루지 못한 색다른 정보는 그림과 설명을 덧붙여 본문 사이사이에 적절히 소개하고 있어. 유화와 세밀화로 그린 식물의 모습으로 생김새와 특징을 자세히 관찰할 수 있으며, 꽃의 구조와 씨앗의 내부 모습 등을 구조도로 설명해 놓았어. 이런 설명 방식은 식물의 구조에 대한 이해를 도와 학습에 직접적인 도움을 준단다. 일종의 식물도감 역할을 하는 셈이지.

식물은 4학년과 5학년 때 집중적으로 배우는데 이 책은 교과서에서 다루지 않는 식물까지 포함해 무척이나 광범위한 식물의 생태를 알려 주고 있어. 식물을 공부할 때 이 책을 식물도감처럼 학습 자료로 활용해 보렴.

비슷한 생김새 때문에 혼동하기 십상인 억새와 갈대의 구별법, 토종 민들레와 서양 민들레의 차이점, 암꽃과 수꽃을 구별하는 방법, 옷감의 재료로 쓰이거나 생활용품으로 쓰이는 식물 등 알찬 정보가 덧붙어 있단다.

식물에 관심이 많은 친구들은 '깊이 들여다보기' 부분을 집중적으로 보면 도움이 될 거야. 잎, 씨앗, 꽃 등 식물을 이루는 기본 요소들을 좀 더 상세하게 설명하고 있어. 씨앗이 만들어지는 과정, 바람이나 물, 동물의 몸을 이용해 멀리 날아가는 씨앗 이야기 등 식물에 대해 더 자세히 알게 될 거야.

공통점과 차이점을 찾아가며 읽으렴

한국인이 가장 좋아하는 나무는 사계절 모습이 변치 않는 소나무란다. 항상 푸른 잎을 간직한 소나무에서 변하지 않는 굳은 절개를 떠올리기 때문이야. 소나무를 비롯하여 단풍나무와 잣나무, 제철이면 늘 산과 들에 피어나는 진달래와 코스모스, 민들레 등은 우리나라에서 매년 볼 수 있어. 반면 시계꽃, 거울난초, 아마존수련, 코코스 야자는 우리에게 아주 낯선 식물이야. 하지만 우리에게 친숙하거나 낯설거나 모두 지구상에서 먹이 사슬의 가장 낮은 단계의 생산자 구실을 한다는 공통점을 지니고 있어.

『민들레 씨앗에 낙하산이 달렸다고?』는 식물의 공통점을 찾아낸 뒤, 사는 곳이나 생김새, 번식 방법의 차이점을 분류해 가며 읽으면 이해하기가 훨씬 수월하단다.

이미 주제별로 나누어 놓았기 때문에 장별로 묶어 읽되 각각 어떤 특성을 가졌는지 살펴보는 게 필요해. 식물들마다 공통점과 차이점을 구별할 수 있거든. 첫 장에는 시계꽃과 쐐기풀, 미모사 등의 콩과 식물들과 뿌리혹박테리아와 야고가

나와. 이들의 공통점은 별난 방법으로 살아간다는 점이야.

시계꽃과 미모사는 적으로부터 살아남기 위해 위장을 한다는 공통점을
가지고 있어. 하지만 시계꽃은 가짜 알처럼 생긴 돌기를 만들어 천적인 헬
리콘나비가 알을 낳지 못하게 방어를 하고, 미모사는 누가 건들면 3초 만

에 시들어 죽은 척을 한다는 점이 다르지. 또 뿌리혹박테리아와 야고는 다른 식물에 기생한다는 공통점을 가지고 있지만 분명한 차이점도 있어. 뿌리혹박테리아는 콩과 식물에 기생하며 척박한 환경에서도 콩과 식물이 잘 자라도록 돕지만, 엽록소가 없어 광합성을 못하는 야고는 억새에 기생하며 생명을 유지한단다.

나머지 장들도 이런 방법으로 공통점과 차이점들을 찾아가며 읽어 보렴. 이 책에서는 워낙 다양한 식물을 소개하고 있기 때문에 풀이나 꽃, 나무 하나하나를 기억하려 들면 독서에 대한 흥미를 잃게 돼. 과학 지식책에서 대상의 공통점과 차이점을 찾아 비교해 가며 읽을 줄 안다면 가장 핵심적인 내용만 기억하게 될 거야. 이러한 읽기 방법은 사회나 과학을 공부할 때 아주 효과적이란다.

1" /›

'깊이 들여다보기' 부분을 정리해 보렴

책을 다 읽은 뒤에는 '깊이 들여다보기' 부분만 따로 다시 한 번 읽고 과학 지식을 요약해 보렴. 책 본문에는 무척 많은 과학 정보가 들어 있어. 하지만 식물에 대한 기초 지식은 '깊이 들여다보기'를 통해 배우고 정리할 수 있단다.

잎의 역할, 스스로 지키는 방법, 씨앗이 만들어지는 과정, 꽃의 여러 가지 모습, 씨앗의 성분, 기생 식물의 종류와 특징, 식물의 번식 방법 등 식물에 대해 알게 된 내용을 노트에 정리해 보렴. 정리를 하는 과정에서 정보를 잘 기억할 수 있는 방법을 찾을 수 있으면 참 좋을 거야. 글로 설명된 것을 한눈에 알아볼 수 있는 그림을 그린다든가, 기억하는 데 도움을 주는 특별한 제목을 짓는다든가 하는 다양한 방법을 연구해 보렴.

사진이나 그림을 활용해 정리해 두면 더욱 멋질 거야!

어려운 용어들도 함께 정리해 두면 좋단다.

생물이 사라진 섬

다가와 히데오 글 | 마츠오카 다츠히데 그림 | 비룡소

자정 작용의 놀라운 힘을
눈으로 확인해 보렴

100여 년 전의 화산 폭발로 생물이 사라진 크라카타우 섬에 다시 생명이 생기는 과정
을 보여 주는 책이야. 섬의 생태를 조사했던 생물학자, 다가와 히데오가 자신이 연
구하고 발표했던 내용을 어린이들을 위해 쉽게 풀어 썼단다. 책의 절반 이상을
차지하는 그림을 통해 식물이나 동물의 모습을 자세하게 살펴볼 수 있어.

관련 과학 교과

3학년 2학기 **2단원** 동물의 세계
4학년 1학기 **2단원** 지표의 변화
      2학기 **1단원** 식물의 세계   **4단원** 화산과 지진
5학년 1학기 **4단원** 작은 생물의 세계
6학년 1학기 **4단원** 생태계와 환경

자연의 위대함을 일깨워 준단다

지구상의 갖가지 동식물들이 표지를 장식하고 있는 이 책의 제목은 예상 밖에도 『생물이 사라진 섬』이야. 생물이 없는 섬이 과연 있을 수 있을까? 우리의 그 어떤 상상 속에서도 생물은 존재한단다. 우주를 배경으로 한 공상 과학 영화 속에서도 외계인은 살고 있어. 지구상에 생물이 사라진 곳은 대체 어떤 모습일까?

이 책의 작가 다가와 히데오는 오래전 화산 폭발로 인해 생물이 사라졌던 인도네시아 크라카타우 섬의 생태를 조사하여 국제회의에서 발표했던 생물학자야. 과학자가 직접 관찰하여 하나하나 기록한 섬의 모습이 자료가 되어 이렇게 책으로 선보이게 되었단다.

작가는 대체 왜 생물이 없는 섬을 조사할 생각을 했을까? 무엇을 알려 주고 싶어서 이 책을 쓰게 된 걸까? 이 책의 주제는 생명의 강인함, 바로 자연의 힘이란다. 아무리 열악한 조건에서도 자연은 본래의 모습을 찾아가려고 애쓴단다. 자연이 스스로를 정화하는 힘, 바로 자연의 자정 작용이 과학자의 마음을 움직이게 한 거지. 우리도 이 책을 통해 자연의 힘을 느껴보자꾸나. 책을 읽으며 우리나라에서 멀리 떨어진 지역에서 일어난 일에 대해 우리가 관심을 가져야 하는 이유를 생각해 보렴. 그리고 크라카타우 섬에서 다시 태어난 생명의 의미도 잊지 말아야겠지?

과학자의 연구 과정을 살펴볼 수 있어

　작가는 글에서 화산으로 인해 변화된 섬의 모양을 칠판에 그리면서 설명을 하고 있어. 이 그림으로 화산 폭발이 섬에 어떤 영향을 끼쳤는지 상상할 수 있어. 마치 화산에 대한 수업을 듣고 있는 듯한 착각을 들게 해.

　생물학자인 작가는 화산 폭발이 일어난 후 다시 서서히 생명의 땅으로 변화하는 크라카타우 섬에 정착한 다양한 생물의 종류와 개체 수, 습성 등을 명확하게 제시하고 있어. 한 과학자의 연구 과정 기록이 모두 담긴 것 같단다. 다소 딱딱하게 느껴지는 소재지만, 글과 그림의 자연스런 조화로 어린이 눈높이에 맞도록 구성되었어.

　예를 들어 작가는 화산재로 뒤덮였던 섬에 식물이 서서히 자라고 있는 모습과 더불어 섬의 어느 부분에 어떤 식물이 분포하고 있는지 그림으로

설명하고 있어. 그리고 우측에는 그 식물의 표본을 그림으로 나타냈지. 야생 사탕수수와 띠, 부채메꽃이라는 생소한 식물의 모습을 그림으로 확인할 수 있단다.

책에서는 식물뿐만 아니라 섬 주변에 어떤 동물들이 정착하기 시작했는지도 알 수 있어. 섬을 찾아온 물왕도마뱀은 바닷가에 있는 게를 잡아먹으며 살았고, 고깃배에 실려 온 거미와 쥐도 섬에 정착해 살게 되었단다.

이 책의 그림은 과학 도감의 역할을 겸하고 있어. 그림 작가의 세심한 관찰력과 뛰어난 표현력 덕분에 씨앗과 열매로 인해 싹이 나고 자란 식물과 번식에 성공한 곤충들의 모습을 감상할 수 있단다. 또 열매와 새, 곤충과 동물 그림에는 각각 번호가 붙어 있고 그림 아래쪽엔 친절하게도 이들 생물의 이름이 적혀 있어. 동식물도감을 따로 찾아보지 않아도 어떤 생물인지 알고 책을 읽을 수 있단다.

그림을 읽는 데에도 방법이 있단다

이 책은 크기나 구성으로 보아 그림책의 특성을 띠고 있어. 그림책이라고 하여 유치원생이나 초등 저학년이 보는 책으로 여기면 곤란하단다. 『생물이 사라진 섬』은 그림과 함께 다양한 과학 지식을 포함하고 있으며, 그에 따른 보충 설명의 양도 만만치 않아. 그래서 초등학교 3학년 이상은 되어야 읽을 수 있는 책이며, 고학년이라면 이 책으로 생태계 보존의 의미와 자연의 힘을 이해하는 데 도움을 받을 수 있어.

일단 과학자의 안내에 따라 크라카타우 섬에 들어가 보자꾸나. 독자를 안내하고 있는 과학자는 다름 아닌 이 책의 작가란다. 본문을 읽다 보면 독자가 마치 하늘에 둥둥 떠서 섬을 내려다보고 있는 느낌이 들 만큼 묘사가 섬세하단다.

큼직한 그림책의 첫 장을 펼치면 세계 지도에서 크라카타우 섬을 찾는 장면이 나온단다. 책에서 국가나 지역이 나오면 반드시 지도에서 위치를 찾아보는 게 중요해. 크라카타우 섬을 세계 지도에서 찾으면 지구에서 어느 위치에 있는지 한눈에 볼 수 있어.

지도를 보니 크라카타우 섬은 인도네시아 순다 해협의 한가운데에 있는 수마트라 섬과 자바 섬 사이에 있구나. 읽으면서 머릿속으로 위치를 상상해 보렴. 또 우리나라와의 거리를 짐작해 볼 수 있어. '우리나라 한반도는 북반구에 있는데, 크라카타우 섬은 남반구에 있구나.' 하는 생각도 들 테고.

세계 지도 속에서 크라카타우 섬의 위치를 확인했다면 그 섬에서 일어난 변화를 그림으로 살펴봐. 화산이 분화하면서 엄청난 양의 화산재가 공중으로 솟구쳤다는데, 과연 얼마나 많은 화산재가 날아갔는지 짐작하기란 쉽지 않아. 작가는 독자의 이런 마음을 놓치지 않고 섬의 일부를 떼어 그림으로 표현했단다. 화산재가 날아가 버린 부분과 그로 인해 남겨진 섬의 일부, 화산재가 쌓여서 새로 생긴 부분을 칠판에 그림을 그려 설명하고 있어. 남아 있는 부분보다 날아가 버린 부분이 훨씬 크구나. 어때? 상상하기 어려운 내용을 그림으로 보니 이해가 쉽지?

이렇게 섬의 변화 과정을 그림으로 하나하나 그려 두었기 때문에 그림만 봐도 충분히 책의 주제를 파악할 수 있단다. 초등 3,4학년 정도의 친구들이라면 그림을 보며 내용을 이해하면 돼.

그림은 교육적이고 예술적이며 정보 제공의 역할이 크기 때문에 그림이나 삽화는 글을 이해하는 데 직접적인 도움이 되거나, 혹은 추론을 하게 하여 상상력을 자극하는 등 흥미를 유발한단다. 특히 이 책은 이야기 흐름을 이끌어 가는 데 그림이 큰 역할을 하지. 이번 기회에 그림 읽는 재미를 충분히 즐기면 좋겠구나.

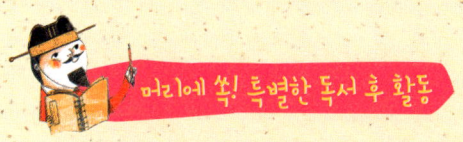

생태계에 관한 글을 써보렴

이 책의 주제는 크게 자연과 생명이라고 할 수 있어. 책을 읽은 후 자연과 생명을 주제로 자유로운 글쓰기를 해보렴. 자연이 스스로 정화하는 능력에 대해 감탄하는 글도 좋고, 자연 파괴의 실태에 대한 안타까운 생각을 담은 글도 좋단다. 책을 읽은 후 갖게 된 생각이나 소감을 글로 남기면 읽은 내용을 오랫동안 기억하는 데 좋고, 장기 기억에 저장되지 못했던 정보들을 머릿속에 좀 더 붙들어 놓을 수 있어 학습 효과도 높아진단다.

과학책 도서관 네 번째 책장

과학은 우리 곁에서 함께 생활한단다

과학은 교실과 실험실에서만 있다고 생각하기 쉬운데,
우리가 먹고 잠자고 생활하는 모든 순간에 과학 원리가 적용된단다.
생활 속에서 과학을 찾으려 노력하고 배운 내용을
실생활과 연결지어 보려무나.

못 말리는 과학 방송국 2
기체 발견의 역사

정완상 글 | 임정호 그림 | 살림어린이

기체를 통해 화학 분야의
기초를 쌓아 보자

'과학 방송국'이라는 가상의 무대에서 우리를 둘러싸고 있는 공기 속 기체들이
발견되는 과정과 그 기체들에 얽힌 재미있는 에피소드들을 다양한 프로그램 안에서
재미있게 풀어 나가는 이야기야. 여러 TV 방송을 보는 것처럼 다양한 방법으로
기체에 대해 살펴봐.

관련 과학 교과

6학년 2학기 **2단원** 여러 가지 기체 **4단원** 연소와 소화

산소, 이산화탄소, 수소에 대해 알 수 있어

공기 중에는 우리가 호흡할 때 꼭 필요한 산소를 비롯해 이산화탄소, 수소, 질소 등과 같은 많은 기체가 섞여 있단다. 산소는 물질이 불에 잘 타도록 도와주고, 이산화탄소는 물에 잘 녹는 성질을 가졌지.

그런데 옛날부터 기체들의 이런 성질을 알았던 것은 아니야. 옛날에는 이 기체들의 정체를 잘 몰라서 '플로지스톤'이라는 한 가지 이름으로 불렀단다. 점차 공기 중에 여러 기체가 섞여 있다는 것이 밝혀지면서 '불에 잘 타는 플로지스톤' '불이 붙지 않는 플로지스톤' 이런 식으로 분류했지. 그 후로 여러 과학자들에 의해 기체는 점차 산소, 이산화탄소, 수소 등으로 분류 되었고 그 성질에 대해서도 자세히 알려지게 되었어.

『못 말리는 과학 방송국 2. 기체 발견의 역사』는 발견되는 과정에서 알게 된 기체의 성질과 그에 얽힌 재미있는 에피소드들을 소개하는 등 기체 전반에 대한 지식을 다루고 있어. 때문에 과학 교과와 연계해 화학 분야의 기초 지식을 쌓는 데 도움이 될 거야.

6학년 2학기 '여러 가지 기체' 단원에서 산소와 이산화탄소의 성질에 대해 배울 때 이 책을 활용해 봐. 폭발하는 플로지스톤은 수소, 불이 안 붙는 플로지스톤은 이산화탄소, 불이 잘 붙는 공기는 산소를 말한단다.

'광고–질소 채운 과자 봉지로 과자를 보호하세요.' '광고–파티를 즐겁게'

를 통해서는 우리 생활에서 기체를 어떻게 이용하는지도 알 수 있어.

6학년 2학기 '연소와 소화' 단원은 '사건 사고 소식—지하철 화재 사고 질식사 한 명도 없어' '뉴스—프리스틀리, 산소를 발견하다' '뉴스—러더퍼드, 불이 붙지 않는 플로지스톤 발견' '뉴스—헬몬트, 이산화탄소를 발견하다'와 연관 있으니 재미있게 읽으며 공부해 보렴.

우리 생활에서 기체는 어떻게 쓰일까?

이 책은 '기체 발견의 역사'라는 다소 딱딱한 주제를 방송국의 다양한 프로그램 형식으로 풀어냈기 때문에 마치 TV 방송을 보는 것처럼 편안하게 읽으면서 필요한 지식을 얻을 수 있어.

우리를 둘러싸고 있는 공기 속에 있는 기체들은 그 성질에 따라 우리 생활에 다양하게 이용되고 있단다. 공기 중 대부분을 차지하고 있는 질소는 구하기도 쉽고 우리 몸에 해롭지도 않아. 이러한 질소는 과자 봉지에 넣어 부패를 막고 부스러지지 않도록 하는 데 이용돼. 사람이 호흡하는 데 꼭 필요한 산소는 농축해서 산소 호흡기, 휴대용 산소 캔으로 만들어 이용하지. 또 헬륨은 공기보다 가벼워 비행선이나 풍선을 공중에 띄우는 데 이용된단다.

이렇게 기체는 잘 이용하면 생활에 아주 쓸모 있지만 때에 따라서 아주 위험하기도 해. 하지만 기체의 성질을 잘 알고 조심한다면 충분히 위험에 대비할 수 있지.

주유소에서 차에 기름을 넣을 때는 꼭 자동차의 시동을 꺼야 하고, 맨홀 공사를 할 때에는 절대로 담배를 피워서는 안 돼. 실제로 맨홀 공사를 하던 사람이 공사를 마치고 나와 담배를 피웠다가 맨홀에서 나온 메탄가스가 폭발해 크게 다친 경우도 있어. 이 책에서는 재래식 화장실에서 담배를 피우려고 불을 붙이는 순간 '펑' 하고 화장실이 폭발했던 사건을 소개하고 있어. 이것 역시 메탄가스 때문에 벌어진 일이야.

기체의 성질을 잘 알고 있으면 화재와 같은 위험이 닥쳤을 때 위험에서 벗어날 수 있어. 이 책의 '사건 사고 소식'에 나오는 이야기를 예로 들어 볼까? 지하철에서 화재가 발생했을 때 한 과학도가 "여자들은 핸드백 속의 물건을 버리고 입구를 닫으세요. 남자들은 점퍼를 닫아 공기를 가득 채운 다음 위아래를 막으세요."라고 외쳤어.

화재로 역 안 공기가 부족해지자 사람들은 그 과학도의 지시대로 핸드백과 점퍼 안에 저장해 두었던 공기를 조금씩 나누어 마시며 탈출에 성공했대. 화재가 나면 공기가 부족해진다는 걸 알고 숨쉬는 데 필요한 공기를 미리 저장해 둔 거야.

화재가 나면 물수건으로 코와 입을 가리고 몸을 낮추라고 해. 왜 그런지

아니? 화재가 발생했을 때 여러 가지 물질이 연소되면서 유독 가스가 발생하는데 이 유독 가스는 열에 의해 위로 올라가. 만약 이 사실을 모른 채 빨리 화재 현장을 탈출하고 싶은 마음에 벌떡 일어나면 위로 올라간 유독 가스를 마시게 돼서 아주 위험해지는 거지. 그렇기 때문에 코를 막아 가스를 흡입하지 않도록 하는 거야. 물수건은 열을 낮추고 물이 산소를 포함하고 있기 때문에 호흡하는 데 도움을 준단다.

이렇게 읽어 보자!

TV 프로그램을 선택하듯 골라 읽어 보렴

이 책은 가상의 나라에 과학자가 대통령으로 당선되자 국민들에게 과학을 재미있게 가르쳐 주기 위한 과학 방송국을 세우는 것으로 시작해.

과학 방송국은 위대한 과학자를 데려다 방송에 출연시켜 인터뷰를 하거나 특파원을 과거로 보내 과학적 사건을 취재하는 등 국민들이 과학과 친숙해 질 수 있는 여러 프로그램을 마련하지. 뉴스, 사건 사고 소식, PD 사이언스, 광고, 그 과학자가 보고 싶다, Let's go 과학 드라마 같은 프로그램들이 바로 그런 것들이야.

뉴스에서는 '헬몬트, 이산화탄소를 발견하다'와 같이 과학자들이 새로운 기체를 발견했다는 소식을 전해 들을 수 있어. 이 뉴스를 통해 어떤 과학자가 어떤 기체를 발견했는지 기체 발견의 역사를 알 수 있단다.

사건 사고 소식에서는 기자가 과거와 현재를 종횡무진하며 '방귀에 라이터로 불을 붙여 엉덩이까지 불이 붙은 사건'처럼 기체 때문에 발생한 사건과 사고를 보도해 준단다.

PD 사이언스는 논란이 되고 있는 문제를 집중 탐구하는 프로그램이야. 공기 중의 질소를 암모니아로 만드는 기술을 발견하여 노벨 화학상을 받은 하버라는 과학자가 있는데, 그의 아내가 자살한 사건처럼 이슈가 될 만한 일을 다뤘지.

그 밖에도 시청자들이 궁금해 하는 것에 확실한 답변을 주는 시청자 과학, 광고 등도 아주 알찬 프로그램들이야. 그저 우리는 TV를 보듯 편안한 마음으로 책 속 프로그램들을 감상하면 된단다.

흥미로운 프로그램이 가득한 이 책은 처음부터 끝까지 꼼꼼히 봐야 한다는 생각은 옆에 내려놓아도 좋아. TV를 시청할 때처럼 차례를 훑어보면서 재미있을 만한 것을 골라 보면 돼. 이리저리 채널을 돌리다 재미있는 방송을 하면 멈춰 보듯이 책을 가볍게 넘기다가 흥미로운 내용이 있다면 거기서부터 멈춰 읽어도 좋아.

과학에 관심이 많고 배경지식이 꽤 있는 사람이라면 어느 프로그램을 보더라도 재미있게 읽겠지만, 잘 몰랐던 것들을 하나씩 알아 가는 기쁨을 느낄 수 있는 프로그램을 더 좋아할 수도 있을 거야. '질량 보존의 법칙을 좀 더 쉽게 알려 주세요.' '대리석에 염산을 부으면 왜 이산화탄소가 만들어지죠?'와 같이 평소 궁금할 만한 내용을 친절하게 설명해 주는 '시청자 과학'을 특히 좋아할 것 같아. 읽기 능력이 뛰어난 사람은 도전적인 읽기를 선호하니까 말이야.

하지만 과학이 어렵다거나 따분하다고 생각하는 사람이라면 가볍게 '사건 사고 소식'이나 '광고'부터 찾아서 읽어 보렴. 앞에서 얘기한 방귀에 불이 붙은 사건처럼 황당하기도 하고 우습기도 한 사건들 안에서 과학 지식을 알아 가는 재미가 있으니까 말이야.

'Let's go 과학 드라마'도 좋단다. 드라마 속에 일어나는 소소한 일들 사이에 과학 지식이 살짝살짝 엿보이기 때문에 드라마에 몰입하다 보면 자기도 모르게 과학 지식이 쌓이게 되거든.

드라마 내용을 조금 엿볼까? 한 학생이 선생님이 수업 시간에 뀐 방귀를 자기가 대신 뀌었다고 했어. 그런데 아주 똑똑한 아이가 그것을 알아차린단다.

똑똑한 아이는 수업 시간의 방귀는 냄새가 아주 지독했는데 방귀를 뀌었다고 한 학생은 고구마만 먹었기 때문에 절대 지독한 냄새가 날 수 없다고 해. 지독한 방귀 냄새는 고기의 단백질 속에 들어 있는 질소 때문에 만들어진 암모니아로 인해 생긴다는 과학적 설명도 명쾌하게 해주지.

이 드라마를 보면 자세한 내용은 잊더라도 적어도 고기를 먹었을 때 지독한 방귀 냄새가 난다는 것 정도는 기억하지 않겠니? 이렇게 재미있는 이야기 속에서 쌓은 작은 지식들이 모이면 어려운 과학책을 읽을 수 있을 만큼의 실력이 만들어진단다.

이 책은 이렇게 흥미 있는 것부터 읽고 덮어 놓았다가 나중에 다시 읽어도 괜찮아. 일년이나 이년쯤 지난 후에 이 책을 열어 보면 뉴스, PD 사이언스와 같이 전에는 어려워 보여 읽지 않았던 것들이 아주 쉽게 여겨질 거야. 그동안 학교에서 다른 책들을 읽으면서 많은 지식이 쌓였기 때문이지. 이 책뿐 아니라 어렵게 여겨지는 책이 있다면 이 같은 방법으로 읽는 것도 속속들이 책을 읽을 수 있는 좋은 방법이란다.

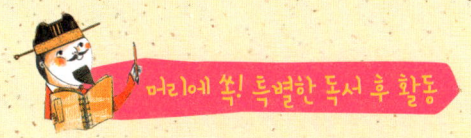

기체의 특징을 표로 정리해 보렴

이 책이 '기체 발견의 역사'를 배우는 책인 만큼 공기 중의 기체들이 어떤 과학자에 의해 어떤 과정을 거쳐 발견되었는지 표로 정리해 보면 좋아. 기체의 정체가 하나씩 발견되는 사건들을 기사화한 '뉴스' 부분을 찾아보면 한눈에 파악할 수 있단다.

정보를 표로 정리할 때는 어떤 항목들을 정리할 것인지 먼저 결정해야 해. 기체를 발견한 뉴스를 몇 개 읽어 보면 언제, 누가, 어떤 기체를, 어떤 과정을 거쳐서 발견하게 되었는지를 알 수 있어. 그렇다면 기체 발견 연도, 기체를 발견한 과학자, 기체 이름과 성질, 기체를 발견하는 과정들이 표의 항목이 되는 거야. 그런 다음 책을 보면서 항목에 해당하는 정보를 찾아 기체별로 정리하는 거지. 특히 책을 읽고도 누가 어떤 기체를 발견했는지 잘 기억나지 않는다면 이렇게 표로 정리해 보려무나. 머릿속이 깔끔하게 정리될 거란다. 뉴스를 찾아 표로 정리할 내용을 고르는 과정에서 중요한 핵심 내용을 파악하는 능력도 함께 향상될 거야.

년도	과학자	기체 이름과 성질		기체를 발견하게 되는 과정
1766	캐번 디시	수소	폭발하는 플로지스톤	① 유리 용기 속에 아연을 넣고 염산을 부음 ② 한참 후 유리 용기 안에 불이 붙은 성냥을 넣음 ③ 쾅! 폭발함

다른 기체들도 이런 식으로 정리해 보렴.

화학 탐정 사라진 수재를 찾아라!

김선희 글 | 김방실 그림 | 주니어김영사

학교에서 배운 화학을
활용해 보렴

흥미와 과학을 함께 얻을 수 있는 과학 동화로 괴한에게 납치된 친구를 구하기 위해 나선 탐정 가족의 이야기야. 과학으로 풀 수 있는 단서들을 통해 사건을 해결하는 과정에서 기체, 용액, 혼합물, 산과 염기 등 학교에서 배우는 과학 지식들이 생활 속에서 어떻게 활용되는지 알 수 있단다.

관련 과학 교과

3학년 1학기 **1단원** 기체와 액체   **3단원** 혼합물의 분리
5학년 2학기 **2단원** 용해와 용액
6학년 1학기 **2단원** 산과 염기 | **2학기** **2단원** 여러 가지 기체

과학을 왜 공부해야 하는지 알 수 있어

우리는 일상생활에서 과학 지식을 활용하는 일이 아주 많단다.

환경을 생각해서 샴푸 대신 비누로 머리를 감았을 때 머리가 뻣뻣하다면 물에 식초를 한두 방울 떨어뜨려 헹궈 보렴. 뻣뻣했던 머리에 윤기가 나면서 보들보들해진단다. 염기성인 비누와 산성인 식초가 만나 중화되었기 때문이지.

옷에 얼룩이 묻었을 때도 그 얼룩의 성분이 무엇인지 알면 깨끗하게 제거할 수 있어. 만일 옷에 코피를 쏟았다면 찬물에 세탁해야 얼룩이 잘 지워진단다. 뜨거운 물에 세탁을 하면 핏속 단백질이 응고되어 잘 지워지지 않거든. 또 탁구를 치다 공이 찌그러졌을 때는 공을 잠깐 불에 쏘이렴. 그러면 탁구공 속의 공기 분자가 활발히 움직여 찌그러진 공이 원래의 모습대로 펴진단다. 어때? 약간의 과학 상식만으로도 우리가 생활 속에서 흔히 접하는 문제들을 깔끔하게 해결할 수 있지?

『화학 탐정 사라진 수재를 찾아라!』는 납치된 친구를 주인공과 그의 가족이 과학 지식들을 이용해 구출해 내는 흥미진진한 과학 동화야. 친구를 구하는 과정에서 생활 속 과학 지식을 응용하는 것을 보면 과학을 왜 공부해야 하는지 확실히 느끼게 될 거야. 게다가 주인공이 응용하는 과학 지식이 우리가 과학 시간에 배우는 것이라는 걸 알게 되면 학교에서 배우는 과학도 아주 재미있어질거야.

　그러면 과학 시간에 배운 어떤 과학 지식과 동화 속 문제 해결 방법이 연관되어 있을까? 주인공 하늘이와 수재가 과학실에서 양배추로 지시약을 만들어 비가 산성인지 아닌지 확인하는 장면은 6학년 1학기 '산과 염기' 단원에서 지시약을 만들어 산과 염기를 구별할 때 배운 지식을 활용하지. 또 수재네 집에 들어와 물건을 훔친 도둑들이 아이들의 관심을 끌려고 헬륨 가스가 든 풍선을 나눠 주는 장면은 6학년 2학기 '여러 가지 기체' 단원과 연관이 있어. 수재 동생이 부엌에서 마구 섞인 여러 가지 물질을 구별할 때는 3학년 2학기 '혼합물의 분리' 단원에서 배운 지식을 적용할 수 있어.

　이 밖에도 하늘이가 평소 생활하거나 수재 납치 사건을 해결하는 과정에도 교과서에서 배우는 많은 과학 지식이 소개된단다.

과학 지식을 이용한 추리가 무척 흥미로워

『화학 탐정 사라진 수재를 찾아라!』는 수재라는 아이가 괴한에게 납치된 사건을 하늘이와 가족들이 해결하는 과정을 그린 과학 동화야. 수재와 하늘이는 같은 반 친구면서 둘 다 과학을 아주 좋아하고 잘한다는 공통점이 있어. 이 두 아이의 과학 실력이 이 사건을 해결하는 데 아주 결정적인 역

할을 하지.

수재가 납치되었을 때 남은 단서라고는 맞춤법이 엉망인 범인의 협박 편지뿐이고 도무지 사건을 해결할 길은 보이질 않았어. 그러던 중 범인으로부터 돈을 요구하는 편지와 자기는 무사하니 범인이 시키는 대로 하라는 수재의 편지가 배달되었어. 수재는 편지에 그냥은 볼 수 없지만 물에 적시면 보이는 글씨를 몰래 남겼고, 하늘이는 그 비밀 글씨를 읽어 수재가 잡혀 있는 곳을 알아내지.

수재를 구할 때도 하늘이와 하늘이 엄마의 과학 지식은 빛을 발한단다. 바로 식초와 탄산수소나트륨이 반응하면 이산화탄소가 생기고 이산화탄소는 찌그러진 페트병을 팽팽하게 펴준다는 사실을 이용했어. 수재가 갇힌 곳의 좁은 틈을 벌리기 위해 식초와 탄산수소나트륨을 넣은 찌그러진 페트병을 밀어 넣어 수재를 구할 수 있었지. 수재는 단서를 남기고, 하늘이가 그 단서를 풀면서 그때그때 알고 있던 과학 지식을 동원할 수 있었기 때문에 사건을 해결할 수 있었던 거야.

온갖 과학 지식을 동원해 수재 납치 사건을 해결하는 것이 하나의 큰 줄기를 바탕으로 사건을 해결하기 위해 수재네 집에서 머물면서 있었던 일들, 하늘이가 학교에서 생활하면서 생기는 사건, 집에서 가족들과 있었던 일들을 재미있는 에피소드로 엮어 놓았어. 그리고 그 안에 흥미로운 과학 실험과 지식들을 함께 실었지. 작가가 흥미진진한 이야기를 통해 과학과 친해질 수 있도록 노력한 흔적이 엿보이지 않니? 긴박감 넘치는 이야기로 재미와 함께 과학 지식까지 얻어 보렴.

기록하며 읽는 연습을 해보렴

이 책은 납치된 수재를 찾는 과정이 주된 줄거리인 만큼 어떻게 수재를 찾아 구해 내는지 그 과정을 파악하며 읽는 것이 우선이겠지?

그런데 이 책은 보통의 탐정 이야기 책이 아니라 동화 형식을 빌어 과학 지식을 알려 줄 목적으로 쓴 책이야. 그러니까 수재를 구하기 위해 사건을 어떻게 과학적으로 수사했는지에 초점을 두고 읽어야 해. 그러기 위해서 자신을 과학 수사를 하는 탐정, 하늘이라고 생각하고 책을 읽으면 좋아.

훌륭한 탐정들은 사건 해결을 위해 아주 작은 단서도 놓치지 않고 기록한단다. 작은 실마리라도 사건을 해결하기 위한 중요한 열쇠가 되기도 하거든. 그러니까 탐정 수첩을 하나 마련해서 사건이 진행되는 몇 일간의 수사 과정을 적어 보도록 하자.

수첩은 항상 몸에 지닐 수 있게 주머니에 쏙 들어갈 만한 크기로 준비하는 거야. 그리고 날짜별로 단서, 추론하는 과정, 사건 진행 과정 등을 메모하는 거지. 이때 모든 내용을 구구절절 메모할 필요는 없어. 수사에 도움이 되는 단서와 그것을 이용해 알아낸 사실 정도만 적도록 해. 단, 과학 수사를 하는 탐정이니까 수첩 한 귀퉁이에 어떤 과학적 근거를 이용해 단서를 풀어 가는지 그 과정은 반드시 적도록 하렴. 진짜 탐정들도 그렇게 할 테니까 말이지.

이 책을 탐정처럼 수첩에 사건을 기록하라고 한 이유는 사건을 통해 얻은 과학 정보를 확실하게 기억하기 위해서야. 동화 형식을 빌린 과학책은 자칫하면 줄거리 위주로 읽기 쉬워. 재미에 폭 빠져서 원래 목적을 잊고 과학 지식을 놓치는 일은 없어야겠지? 이럴 때 중요 정보를 메모하며 읽으면 책에 있는 정보를 몇 번이고 읽으면서 꼭 필요한 내용을 고르게 된단다. 이 과정을 통해 꼭 알아야 할 과학 원리와 추론 과정을 확실히 알게 될 거야.

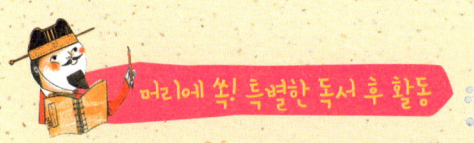

책에 소개된 만들기를 직접 해보렴

하늘이는 치약, 물컹이 장난감, 크레파스 등 생활에 필요한 물건을 직접 만들어 쓴단 다. 책에는 이것들을 만들기 위한 재료, 만드는 과정, 그리고 어떤 원리에 의해 만들어 지는지 그림까지 곁들여 가며 아주 상세하게 설명해 주고 있단다. 만드는 방법을 참고 해 직접 해보렴.

비밀 편지 써보기나 양초 만들기, 크레파스 만들기, 수정과 만들기 정도는 재료를 구 하는 것도 쉽고 만드는 과정도 간단하니까 우선 이런 것들부터 해봐. 양초와 크레파스 를 만들 때 필요한 파라핀은 문방구에서 구할 수 있어.

이렇게 만들기를 직접 해보는 과정에서 많은 것을 배우게 될 거야. 지식은 눈으로만 봤을 때보다 직접 체험했을 때 몇 배 더 잘 기억되는 법이거든.

단, 책에 나오는 물건을 만들거나 실험할 때 불이나 위험한 재료를 사용한다면 반드시 부모님과 함께하도록 해.

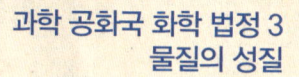

과학 공화국 화학 법정 3
물질의 성질

정완상 글 | 자음과모음

화학 지식은 생활에서
어떻게 쓰일까?

'과학 공화국' '화학 법정'이라는 가상 공간을 만든 발상부터 독
특하고 재미있어서 눈길을 끌지 않니? 과학 공화국 국민들은
화학 지식이 부족해서 일상생활에서 자주 분쟁이 벌어지는데 그
때마다 화학 법정에서 해결한다고 해. 사건마다 제시되는 증거들을
통해 일상생활 속 화학 지식을 배울 수 있단다.

관련 과학 교과

3학년 1학기 1단원 우리 생활과 물질 | **2학기** 3단원 혼합물의 분리
4학년 2학기 3단원 열 전달과 우리 생활
5학년 2학기 2단원 용해와 용액
6학년 2학기 2단원 여러 가지 기체   4단원 연소와 소화

매운맛은 우유로 다스릴 수 있어

설거지를 할 때 그릇과 그릇이 꽉 껴서 빠지지 않으면 어떻게 해야 하는지 알고 있니? 4학년 2학기 '열 전달과 우리 생활' 단원에서는 따뜻하면 분자의 활동이 활발해져 물질이 팽창한다는 사실을 배운단다. 이 과학 원리를 응용해 아래쪽 컵을 뜨거운 물에 담그고, 위쪽 컵에 찬물을 넣으면 쉽게 컵을 분리할 수 있어.

다른 과목도 그렇겠지만 특히 과학은 학교에서 배운 과학 지식을 생활 속에서 활용하기 좋은 과목이란다. 그런데 우리는 교과서 속 과학과 생활 속 과학을 따로 생각하기 때문에 제대로 활용하지 못하는 경우가 많아.

『과학 공화국 화학 법정 3. 물질의 성질』은 일상생활에서 화학 지식이 부족해 실수하거나 오해해서 벌어진 사람들 간의 분쟁을 법정에서 판결하는 형식으로 구성된 책이야. 화학 법정에는 화학 지식으로 단단히 무장한 변호사, 각 분야의 전문가인 증인, 명쾌한 판결을 내리는 판사가 등장해 분쟁을 해결하도록 돕고 있어.

여기서 다루는 사건들은 '너무 매운 음식을 먹고 물을 달라는 사장에게 물 대신 우유를 줬다가 고소 당한 사건' '달리기 선수의 운동화 끈을 풀리게 묶어 시합을 망쳤다는 이유로 해고의 위험에 처한 매니저 사건' '삶은 달걀 500개의 껍질을 한 시간 내에 벗기지 못했다는 이유로 해고 당한 구

내 식당 직원 사건' 같은 것들이야.

　사건을 어떻게 해결하는지 살펴보면 과학 지식이 생활 속에서 얼마나 유

용하게 사용되는지 알 수 있어.

　매운 음식을 먹고 물을 달라는 사장에게 고집을 부리고 우유를 줬다는

이유로 해고 당한 사원이 억울하다고 화학 법정을 찾았어.

K

O₂

B

HCl

H

CO₂

Rb

ca

Mg

Ne

　　화학 법정에서 해고된 사원은 매운맛을 내는 성분은 물에 잘 녹
지 않는 반면, 우유에 들어 있는 레시틴이라는 성분은 매운맛과 결합해
매운맛을 가시게 해준다는 과학적 원리를 들어 자기 자신을 변호했어. 판
사는 해고 당한 사원의 손을 들어줬지.

　　사람들은 보통 매운 음식을 먹으면 물을 찾는데 책을 읽으면 매운맛을
가시게 하는 데는 우유가 훨씬 효과적이라는 사실을 알았지? 이젠 매운
음식을 먹으러 갈 때는 작은 우유를 챙겨 가면 좋겠다.

　　이 책의 장점이 바로 이거야. 사건을 통해 알아 두면 실생활에서 잘 활용
할 수 있는 과학 지식을 배울 수 있단다.

물질의 성질을 잘 설명해 놓았어

이 책의 법정에서는 과학 지식이 부족해 실수하거나 오해해서 벌어진 28개의 사건을 판결한단다. 여기에 나오는 사례들은 대부분 교과서에서 배우는 물질의 성질과 관련된 것들이고, 정확한 지식을 바탕으로 사건을 해결하기 때문에 초등학교 교과서 내용을 넘어서 중학교에 가서 과학을 배울 때 참고해도 좋을 만큼 많은 정보가 들어 있어.

3학년부터 6학년 과학 시간에 관련 단원을 공부하기 전이나 공부하면서 궁금한 것이 있을 때 읽는다면 이 책은 아주 좋은 참고서로써의 역할을 할 거야.

이렇게 읽어 보자!

기록하며 읽는 데에도 방법이 있어

이 책은 화학 법정을 배경으로 피고, 원고, 그리고 각 측의 변호사와 증인들이 등장해 각자의 주장을 하고 판사는 화학적 근거를 바탕으로 판결을 내리는 형식으로 되어 있어. 그래서 이 책을 읽을 때는 마치 법정에서 재판 과정을 모두 기록하는 '서기'처럼 중요 내용을 빠뜨리지 말고 적어 가며 읽는 게 좋아.

우선 사건명과 원고, 피고가 누구인지 기록해야겠지? 그리고 사건에 대한 간단한 설명과 양측의 변론 그리고 판결 내용을 기록하면 돼.

이렇게 사건을 기록하려면 어떤 내용을 기록해야 할지를 미리 정해 두거나 읽으면서 표시해 두는 것이 좋아. 특히 사건 판결에 결정적인 역할을 하는 과학 원리는 반드시 기록해 두도록 하자. 이 부분은 책에도 눈에 확 띄게 다른 색 글씨로 표시되어 있으니 그 부분을 유심히 보고 정리해 기록하면 돼.

이렇게 기록하며 읽으면 눈으로만 책을 읽을 때보다 분쟁이 일어난 원인이 무엇인지, 그것이 어떤 근거로 어떻게 판결이 났는지 사건 흐름이 확실하게 정리가 될 거야. 바로 이것이 기록하며 읽기의 효과란다.

기록을 하며 읽으면 읽는 자세부터 달라져. 어떤 내용을 기록해야 할지 판단하고, 밑줄을 긋는 등의 표시하기 위해서 다른 때보다 신경 써서 글을 읽게 돼. 그리고 그것들을 기록하는 과정에서 다시 한 번 중요한 내용을 간추리기 위해 집중하게 되는 것은 물론, 연필로 쓰고 눈으로 다시 보는 효과가 있어서 책을 두세 번 읽는 것 같은 효과를 볼 수 있단다.

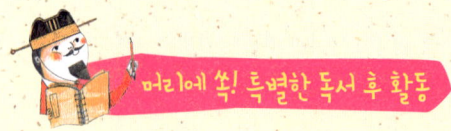

신문에 사건 기사를 실어 보자

책을 읽은 후 사건 판결을 지켜본 기자가 되어 신문에 사건 기사를 실어 보면 좋단다. 앞에서 사건 일지를 기록해 보라고 했지만 신문 기사를 작성하는 것은 또 다른 의미가 있어. 객관적으로 기사를 쓰는 과정에서 사건의 중요한 문제를 파악하고 어떤 과정으로 판정이 진행되었는지, 어떤 원리에 의해 어떤 판결이 났는지를 이해하고, 정확하게 알아 가는 데 아주 큰 도움이 될 거야. 그리고 신문 기사 말미에 기자의 의견을 논평하듯이 한마디 적어 보는 것도 좋겠지?

특히 정보를 파악해야 하는 책을 읽을 때는 조금 지루하고 어렵다는 생각이 들 수 있는데 이런 방법으로 글을 읽으면 훨씬 재미있게, 적극적으로 읽을 수 있어.

신문 기사는 사실을 바탕으로 객관적으로 작성해야 한다는 걸 머리에 새겨 두고 신문 기사를 작성해 보도록 하자. 우선 제목을 정해야 해. 눈에 띄게 큰 제목을 적는 것을 '표제'라고 해. 이 표제는 독자의 눈을 끌 수 있는 것으로 정하는 것이 보통이야. 그리고 표제 밑에 작은 제목을 쓰는데 이것을 '부제'라고 해. 부제는 표제보다 기사의 내용을 대표하는 핵심 내용을 뽑아 부제로 삼지. 기사에 따라 부제는 생략하기도 해.

이번 기사의 표제는 '한 시간에 달걀 껍질 500개를 못 까면 해고'가 좋겠다. 독자들이 '말도 안 되는 이유로 해고라니?' 하고 관심을 보일 거야. 그다음 '한 시간에 달걀 껍질을 500개 깔 수 있는 방법이 있으므로 해고는 정당하나 기회를 주기로' 이렇게 해볼까? 그리고 기사 앞부분에는 전체 기사를 몇 줄로 요약 정리해서 싣는단다. 그걸 '전문'이라고 해. 그리고 기사 본문이 실리는 거지. 기사는 '누가, 언제, 어디서, 무엇을 , 어떻게, 왜'라는 육하원칙에 따라 작성하도록 하자.

산과 염기 이야기 33가지

문미정 글 | 서춘경 그림 | 을파소

산과 염기가 만나면
어떤 일이 생길까?

세상에는 산과 염기의 성질 때문에 일어나는 일들이 아주 많단다. 때문에 그 성질을 잘 알고 있으면 이모저모로 잘 활용할 수 있어. 이 책은 산과 염기의 특성과, 우리 주변에 있는 산과 염기들을 소개하는 데 그치지 않고 그 성질을 활용해 환경과 우리 몸을 건강하게 하는 방법까지 알려 줘.

관련 과학 교과

6학년 1학기 2단원 산과 염기

이 책은 왜 읽어야 할까?

산과 염기가 도대체 뭘까?

6학년 1학기 때 '산과 염기'를 배우는데 6학년 학생이라면 산성 용액과 염기성 용액을 구분하는 방법을 외우느라 고생한 경험이 있을 거야.

우리 주변에는 산성 또는 염기성을 띠고 있는 것들이 의외로 많기 때문에 그것을 구별하는 것이 중요해. 그래야 생활에 용이하게 잘 사용할 수 있을 테니까. 그중에는 아주 위험한 것들도 있기 때문에 반드시 알고 있어야 위험을 예방할 수 있단다.

『산과 염기 이야기 33가지』는 산과 염기에 궁금할 만한 것들 33가지를 뽑아 자세히 알려 주는 책이야.

이 책은 총 4장으로 구성되어 있는데 1장 '산과 염기의 정체를 찾아서'에서는 산과 염기가 무엇인지, 그것들을 어떻게 구별하는지에 대해 자세히 설명하고 있어. 주로 신맛이 나는 것들이 산이고, 염기는 좀 쓴맛이 난다는구나. 그렇다고 직접 맛을 보고 산과 염기를 구별하면 절대 안 돼. 염산이나 빙초산, 수산화나트륨 같은 것들을 먹었다간 아주 치명적이거든.

대신 이것들을 구별할 수 있는 지시약들을 사용해야 하는데 책에서는 양배추, 장미꽃으로 만든 천연 지시약이나 그 밖의 화학 지시약을 이용해 구별하는 방법을 알려 준다. 또 ph를 측정해서 산과 염기를 구별하는 방법도 나오는데, ph가 7보다 낮으면 산성, 그보다 높으면 염기성이란다.

6학년 1학기 교과서 '산과 염기' 단원에서 '지시약을 만들어 용액 분류하기'와 '산성 용액과 염기성 용액의 성질'을 배울 때 이 내용들을 알고 있으면 큰 도움이 될 거야.

산과 염기가 피우는 말썽들

이 책을 쓴 작가는 산과 염기를 잘 알아야 하는 이유를 물질의 성질을 잘 알고 그것들을 지혜롭게 써서 우리 몸과 환경을 건강하게 살리기 위해서라고 밝히고 있어.

원래 우리 몸은 중성에 가깝고, 우리 신체가 스스로 건강하게 중성을 유지하기 위해 조절해. 하지만 몸의 균형이 깨지고 건강이 나빠지면 산성인 위산이 많이 나와 위뿐 아니라 다른 장기들까지 차례로 탈이 나기 때문에 우리 몸의 균형이 깨지지 않도록 신경 쓰라는 충고도 친절히 해준단다. 그리고 요즘엔 패스트푸드 음식을 많이 먹어서 몸이 산성 체질로 바뀐 사람들이 많은데, 몸이 산성 체질이 되면 금세 피로하고 면역력이 약해져서 병에 쉽게 걸린단다. 그러니까 우리 몸을 건강하게 하기 위해서는 산성이든 알칼리성이든 다양한 음식을 골고루 섭취해야 해.

우리 몸과 더불어 땅도 점점 산성화되고 있단다. 농작물 수확을 늘리기 위해 사용하는 화학 비료가 땅을 산성화시키고 있어. 화학 비료를 주면 식물은 자기가 필요한 질소, 인산, 칼륨은 이용하고 황산은 남기기 때문에 수확을 많이 하기 위해 화학 비료를 많이 줄수록 땅은 강한 산성이 돼서 결국에는 못쓰게 되는 거지.

게다가 대기 오염으로 내리는 산성비까지 땅을 점점 산성화시키고 있어. 이렇게 흙이 산성이 되면 식물이 제대로 자라지 못하고 낙엽이나 동물의 사체가 제대로 분해되지 않아, 동물의 영양 공급이나 먹이 제공에 직접적인 영향을 준단다.

산이 문제라고? 그럼 염기는 많아도 될까? 우리 몸이든 환경이든 산과 염기가 균형이 맞아야 해. 염기가 많으면 어떤 일이 생기는지 볼까?

샴푸, 세탁 세제, 주방용 세제와 같은 염기의 대표 격인 합성 세제들이 환경에 좋지 않은 영향을 미친다는 정도는 알고 있을 거야. 이것들은 물에 녹지 않고 강이나 바다로 흘러가 강과 바다를 썩게 하지. 그래서 합성 세제 대신 비누나 천연 세정제 사용을 권장하고 있지만 실천하기 쉽지 않아. 하지만 오염된 환경이 돌고 돌아 결국 우리에게 직접적인 영향을 준다는 것을 생각하면 큰 걱정이 아닐 수 없어.

책에서는 그에 대한 해결 방안으로 화학 비료 대신 미생물과 퇴비를 이용해 땅의 힘을 키우고, 합성 세제 사용을 최대한 줄이고 비누를 사용하라고 권하고 있단다.

질문, 짐작, 확인하는 3단계 읽기법

이 책은 산과 염기에 대해 꼭 알았으면 하는 것 33가지를 뽑아 질문을 하고 그에 친절히 답해 주는 형식으로 된 책이야. 이렇게 질문과 대답으로 된 형식의 책을 효율적으로 읽을 수 있는 방법이 있단다.

우선 제목을 보고 중얼중얼 속으로 질문해 보기! 두 번째, 소제목과 그림 등 주변 정보를 활용해 답을 짐작해 보기! 세 번째, 정확한 답을 읽어 가며 내가 짐작한 답과 비교해 확인하며 읽기! 이렇게 3가지 단계를 밟아 가며 읽어 보렴.

이런 식으로 책을 읽으라고 하는 이유는 질문하고, 짐작하고, 확인해 가며 읽는 방법이 책을 적극적으로 읽을 수 있는 아주 좋은 방법이기 때문이야. 특히 호기심을 채워 주는 책일수록 이렇게 읽으면 끝까지 흥미를 잃지 않고, 알고 있던 지식은 더 확실해지고, 새로 알게 된 것까지 완전한 내 것으로 만들 수 있는 좋은 방법이기 때문이란다.

이 책의 소제목은 '산과 염기는 어떤 말썽을 부릴까?' '산이란 무엇일까?' 같은 질문으로 되어 있어. 이 제목을 보고 '산과 염기가 말썽을 부린다고? 무슨 말썽을 부린다는 걸까?' 하고 스스로에게 질문을 해 보도록 해. 무슨 질문을 해야 하나 하고 걱정하지 말고 제목 그대로 스스로에게 다시 질문하면 돼. 질문을 보고 더 떠오르는 질문이 있으면 연달아 질문해도 좋단

다. 스스로에게 질문하는 방법은 질문을 통해 잠자고 있던 호
기심을 깨워서 관심을 갖게 하기 위한 단계야.

질문을 했으면 이제 답을 찾아야겠지? 물론 답은 책 내용 안에 친절하게
나와 있을 거야. 하지만 내용을 읽기 전에 먼저 어떤 내용이 펼쳐질지 짐
작해 보렴. 본문 글자 외에 소제목, 그림 같은 것들을 활용하면 답에 대한
힌트를 얻을 수 있단다.

'위산 때문에 배가 아파!'라는 소제목과 병원 응급실에 누워 있는 환자 그
림을 보면 어떤 내용이 펼쳐질지 상상이 되지 않니? '아, 위산이 나오면 배
가 아픈 모양이구나. 위에서 나오는 산성 물질을 위산이라고 하는구나. 그
래서 말썽을 부린다고 했군.' 하는 식으로 펼쳐질 내용을 짐작해 보는 거지.

이렇게 짐작하는 과정 중에 위산이 올라와 위가 아프다고 했던 아빠의 찡그린 얼굴이 떠오르거나, 모르는 사람에게 묻지마 염산 테러를 당한 여자가 얼굴에 크게 화상을 입었다는 뉴스를 본 기억이 떠오를 수도 있을 거야.

이렇게 질문과 답을 짐작하는 동안 머릿속에서는 저장되어 있던 경험이나 지식이 자극을 받아서 깨어나는 신기한 일이 일어난단다. 이 책을 읽을 때뿐만 아니라 평소 생활 속에서도 자주 무언가에 호기심과 관심을 갖고 그 이유를 찾아보도록 해. 그러면 머리가 항상 깨어 있어서 필요할 때 생각이 잘 나지 않는 일은 없단다.

이렇게 답을 생각해 봤다면 다시 책을 읽으면서 짐작한 것이 맞는지, 그리고 정확한 답은 무엇인지 확인해야겠지? 본문 내용을 읽으면서 짐작한 것과 비교하며 읽으면 된단다. 책을 보니까 위산이 배가 아픈 거라고 짐작한 것이 맞았네. 그리고 산성 물질, 염기성 물질 때문에 화상을 입어 살이 녹아 내릴 정도의 큰 사고가 나기도 한다는 것도 알 수 있을 거야. 결국 산과 염기가 일으키는 말썽이라는 것은 산성, 염기성 물질들 때문에 아프기도 하고, 사고가 생기기도 한다는 것을 두고 하는 말이야. 이때 새로 알게 된 내용은 다시 한 번 읽으며 머릿속에 잘 기억해 두렴. 제목 밑에 새로 알게 된 사실이나 중요하다고 생각한 내용을 적어 보면 더욱 확실히 기억하는 데 도움이 될 거야.

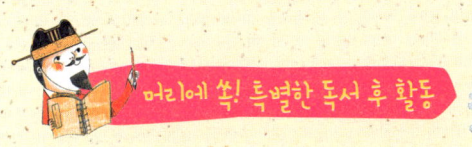

머리에 쏙! 특별한 독서 후 활동

건강하게 살기 위한 실천 방법을 생각해 보렴

이 책을 읽고 산과 염기에 대해 지식이 쌓이면 아마도 걱정이 많이 생길 거야. 일기 예보에서 산성비가 내린다고 하면 문화재가 훼손될까 봐 걱정이고, 평소 인스턴트 식품을 좋아한다면 몸이 산성 체질로 변해 면역력이 낮아질까 봐 또 걱정일 거야.

하지만 이런 걱정은 미래를 위해 꼭 필요한 걱정이야. 산성비가 내리지 않도록 대기 오염을 줄이기 위해 노력하게 하고, 좋은 음식을 골고루 먹도록 애쓰게 하니까 말이야. 이 책을 읽으며 지식을 쌓는 것은 물론 모두가 함께 건강하게 살 수 있도록 환경과 식생활에도 신경 쓰는 어린이가 되어 보렴. 이번 기회에 환경을 살리는 산성비를 줄일 수 있는 방법과 몸을 건강하게 만들기 위한 방법을 생각해 보면 어떨까?

반드시 직접 실천할 수 있는 방법들을 찾아봐!

지구 과학

과학책 도서관 다섯 번째 책장

책과 함께 지구로 여행을 떠나 보자

주위에서 일어나는 자연 변화에 조금만 호기심을 가져도 과학을 잘할 수 있어. 자연 변화에 관심을 갖다 보면 지구와 지구를 포함한 우주의 신비함을 배울 수 있을 거야.

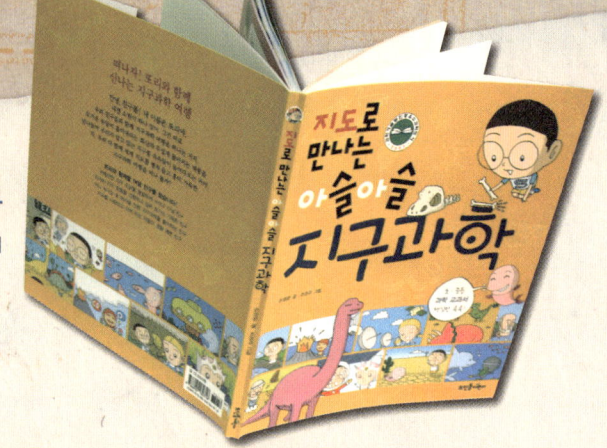

지도로 만나는 아슬아슬 지구 과학

손영운 글 | 조경규 그림 | 뜨인돌어린이

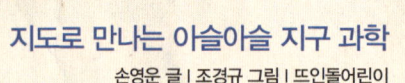

쓰나미가 일어나는 원인에 대해
생각해 본 적 있니?

주인공 또리와 함께 떠나는 지구 과학 여행이란다. 지구 과학을 지질 과학, 해양
과학, 기상 과학으로 나누어 소개하고 있어. 지진이나 화산의 발생지 및 바람의
흐름이나 태풍의 영향을 한눈에 볼 수 있도록 세계 지도 위에 나타낸 것이
특징이야.

관련 과학 교과

3학년 1학기 **4단원** 날씨와 우리 생활
4학년 2학기 **2단원** 지층과 화석 **4단원** 화산과 지진
6학년 1학기 **3단원** 계절의 변화 | 2학기 **1단원** 날씨의 변화

엄청난 자연재해에 대비할 수 있어

2010년 카리브 해 옆 아이티라는 작은 나라에 큰 지진이 일어나 최소 33만 명의 사상자와 100만 명의 고아가 생겨났단다. 지진으로 인한 피해가 얼마나 크던지 뉴스에서 그 장면을 지켜본 사람들이라면 자연의 힘 앞에서 처참하게 무너진 인간의 모습에 참담함을 느꼈을 거야.

같은 해에는 '쓰나미'로 불리는 지진 해일도 세계 곳곳에서 일어났단다. 쓰나미는 '포구로 밀려드는 파도'라는 뜻의 일본말이야. 일본에서 워낙 지진 해일이 많이 일어나기 때문에 지진 해일을 대표하는 말로 '쓰나미'가 쓰이게 됐지. 2011년 일본은 대규모 쓰나미가 원자력 발전소까지 무너뜨려 상상하기 힘들 정도의 엄청난 피해를 입었어. 그 피해는 전 세계 사람들을 긴장시킬 만큼 강력했어.

아이티에서 지진이 발생하고 채 한 달이 안 되어 칠레에서도 지진이 일어났으며, 연이어 중국과 대만 등에서도 지진으로 인한 피해가 있었단다. 우리나라도 지진으로부터 결코 안전한 곳은 아니야.

우리 주변에서 일어나는 자연재해 중에는 홍수와 가뭄, 태풍과 지진, 지진 해일 등이 있단다. 자연재해는 순식간에 엄청난 사람들이 죽거나 다치고 경제적으로도 많은 손실을 주는 어마어마한 재앙이야. 자연 현상이 일어나는 이유에 대해 잘 알고 있으면 앞으로 발생할 수 있는 자연재해를 대비하여 피해를 줄이거나 방지할 수 있단다.

『지도로 만나는 아슬아슬 지구 과학』은 하늘과 땅과 바다에서 일어나는 자연 현상의 원인과 결과를 알려 주고 있어. 이 책을 읽고 알게 된 지식으로 자연재해를 대비하는 지혜를 얻을 수 있단다.

자연 현상의 원인과 결과를 알려 준단다

『지도로 만나는 아슬아슬 지구 과학』은 크게 '지질 과학' '해양 과학' '기상 과학'의 세 부분으로 나누어 소개하고 있단다.

지질 과학에서는 지진과 화산, 공룡을 다루고 있고, 해양 과학에서는 바다와 엘리뇨 현상을, 기상 과학을 통해서는 바람과 태풍, 오로라와 오존층에 대해 알려 주고 있어. 땅, 바다, 하늘에서 일어나는 지구 과학 전반에 대한 지식을 다루고 있기 때문에 학교에서 배우는 교과와 연계해 지식을 넓히는 데 도움이 된단다.

3학년 1학기에 '바람의 방향과 세기를 조사하는 방법'을 배울 때 이 책의 '기상 과학' 부분을 보면 바람이 무엇인지, 왜 생기는지 설명하고 있어. '여름과 겨울에 부는 바람의 방향'을 이해하려면 '지도로 보는 세계의 바람'을 유심히 보려무나.

4학년 2학기 때는 공룡 화석 모형과 함께 공룡 박물관을 소개하는 단원이 있는데 이때는 '지도로 보는 세계의 공룡'을 펴보렴. 어떤 공룡이 어디에 살았는지 한눈에 볼 수 있단다.

지도와 사진을 적극 활용해 보렴

이 책은 세계 곳곳에서 일어나는 자연 현상에 대한 설명과 함께 사진을 곁들여 놓아 한층 시각적으로 이해하기 쉽단다.

화산 폭발로 인해 많은 사람들이 피해를 보았지만 또 어떤 화산은 그 흔적으로 인해 아름다운 형세를 갖추게 되어 관광지로 각광받고 있지도 하지. 이 모습이 사진으로 실려 있으면 긴 설명이 없어도 확연히 비교가 되겠지?

지도로 보는 세계의 지진, 화산, 바람 등을 통해 지구상에 나타나는 여러 가지 자연 현상을 지도로 확인해 가며 비교할 수 있도록 해두었단다. 이는 어떤 지역에서 왜 지진이나 화산이 많이 일어나는지, 각각 어떤 영향을 주고 받는지 이해하기 쉽게 해준단다. 유난히 일본에서 지진이 빈번하게 일어나는 까닭을 이번 기회에 알게 되면 좋겠지?

각 장의 끝에 도전 퀴즈와 만화가 실려 있어 읽는 재미를 더해 주고 있어.

도전 퀴즈를 통해 그동안 읽은 내용을 확인할 수 있고, 글을 읽은 뒤 중요한 정보를 잘 기억하고 있는지 점검하면서 자칫 놓치고 지나간 정보를 다시 확인할 수 있단다.

관련 박물관이나 연구소, 과학관도 안내되어 있어서 주말이나 방학을 이용해 견학을 갈 때 참고하면 좋을 거야.

책을 읽고 알게 된 정보를 박물관이나 과학관에서 직접 체험하면 오래도록 기억에 남아 과학에 대한 흥미가 한층 높아진단다.

최근 일어난 자연재해들과 관련지어 보렴

『지도로 만나는 아슬아슬 지구 과학』은 세상에서 일어난 일들과 관련지어 가며 읽을 수 있어. 책을 읽고 알게 된 정보들은 우리가 세상을 살아가는 데 요긴하게 쓰인단다. 책에서 얻은 간접 경험을 우리 생활에 얼마나 적절하게 응용하고 활용하느냐에 따라 사는 모습이 달라지지.

지진이나 화산에 대해 알았다면, 실제로 전 세계에서 일어나는 자연 현상과 견주어 볼 줄 알아야 해. 지진의 원인과 현상을 잘 알게 되었는데, 지구상에 실제로 발생했던 아이티나 칠레의 지진 피해와 연결하여 생각할 줄 모른다면 책을 잘 읽었다고 할 수 없어.

지구상에서 일어나는 현상들과 이미 알고 있는 지식을 연결해 가며 책을 읽는 것은 크게 어려운 일이 아니야. 책을 읽을 때 이와 비슷한 세상일은 없었는지 한번 생각해 보는 거야. 반대로 관심이 가는 뉴스거리를 접했을 때 그동안 읽은 책 중에서 비슷한 내용은 없었는지 곰곰이 떠올려 보렴. 이 책에서 '지진의 또 다른 피해 쓰나미'를 읽을 때 일본에서 일어난 쓰나미 피해에 관한 뉴스를 떠올리고 신문이나 인터넷으로 관련 기사를 찾아본다면 참 좋겠지?

이 책에는 쓰나미가 밀려왔을 때 엄청난 양의 바닷물이 육지로 덮쳐와 어마어마한 피해를 입게 된다는 설명이 그림과 함께 실려 있단다. 이것을 보면서 '일본의 쓰나미도 같은 이유로 일어났고, 실제 모습은 이랬구나!' '이런 피해에 대비하기 위해서는 어떻게 해야 하는 거지? 쓰나미가 발생하자 사람들은 어떤 방법으로 대피했을까? 책에서 말하는 방법이 정말 도움이 되었나?' 하는 식으로 의문을 갖고 읽으렴. 그리고 신문이나 인터넷 기사에서 찾은 정보를 책과 함께 비교해 보는 거야.

평소에도 뉴스와 주변 이야기들에 관심을 갖고 귀를 기울이는 게 중요하단다. 특히 지구 환경과 자연재해는 전 세계의 문제이자 앞으로 함께 노력해야 하는 문제이기 때문에 어릴 때부터 꾸준히 관심을 가져야 한단다. 우리 일상생활과 가장 밀접한 관련이 있는 날씨에 관한 정보도 책과 비교해 가며 보기에 아주 좋은 예야.

'매년 봄마다 찾아오는 황사는 왜 일어날까? 중국에서 부는 황사가 왜 우리나라에까지 나쁜 영향을 끼치고 있을까?' 하는 내용도 이 책을 읽으면 그 이유를 잘 알 수 있단다. 황사가 우리나라까지 불어오는 까닭은 편서풍과 황사 경로 때문인데, 지도에 잘 드러나 있으니 뉴스에서 황사로 인한 피해를 보도할 때 유심히 보렴.

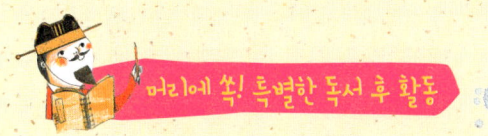

세계 지도를 이용해 지진 현상을 이해해 보렴

지구는 여러 개의 판으로 이루어져 있단다. 지각과 맨틀의 일부에 해당하는 판의 두께는 대략 100km정도인데 일년에 평균 4cm정도 서로 다른 방향을 향해 움직인단다.

'세계의 지진'과 '세계의 화산'을 나타낸 세계 지도를 잘 보렴. 지구 전체를 나누어 놓은 파란색 경계선이 보일 거야. '태평양판, 유럽판, 아라비아판, 인도−오스트레일리아판, 아프리카판, 코코스판, 나즈카판, 북미판(북아메리카판), 남미판(남아메리카판)'이라고 되어 있어. 그 거대한 판들이 이동하면서 지층이 서로의 압력을 이기지 못해 일그러지는 현상이 지진이란다.

주요 판은 모두 7개로 유라시아판, 태평양판, 아프리카판, 인도−오스트레일리아판, 북아메리카판, 남아메리카판, 남극판을 말해. 이 밖에도 15개 이상의 작은 판들로 더 나뉘어져 있단다. 지구를 여러 개의 퍼즐 조각으로 맞추어 놓은 것이라 여기면 이해하기 쉽지?

세계 지도를 준비해서 판을 나누어 보려무나. 가위로 자른 뒤 퍼즐 조각 맞추듯 다시 맞춰 봐. 잘라 놓은 판들을 조금씩 이동시키다 보면, 서로 부딪쳐 퍼즐 조각이 힘을 이기지 못하고 휘어지거나 찌그러지겠지? 이때 지진이 일어나는 걸 알 수 있어.

맛있는 자연 공부

김기명 글 | 김영민 그림 | 청년사

날씨나 계절에 따라
자연의 모습은 왜 달라질까?

우리 주변에서 일어나는 다양한 자연 현상을 24절기를 따라 알려 주는 책이야. 각 절기별 특징적인 자연 현상을 과학 원리로 설명해 준다. 현직 초등학교 선생님이 초등 과학 교과서에 나오는 내용을 중심으로 어린이들 눈높이에 맞춰 쉽고 자세히 설명했단다.

관련 과학 교과

3학년 1학기 **4단원** 날씨와 우리 생활
6학년 1학기 **3단원** 계절의 변화 | **2학기** **1단원** 날씨의 변화

날씨에 숨은 과학 원리를 알 수 있어

텔레비전 뉴스나 신문에서 단 하루도 빠짐없이 보도하는 것이 날씨 이야기란다. 날씨는 우리 생활과 밀접한 관련이 있어서 많은 사람들이 궁금해해. 만약 내일 친구들과 놀이동산에 가기로 했는데, 하늘에 구름이 잔뜩 끼어 있으면 불안하겠지? 그럴 땐 일기 예보에 귀를 쫑긋 세우게 되지.

날씨는 농사 짓는 데 많은 영향을 주기 때문에 우리 조상들은 아주 오래전부터 날씨에 큰 관심을 가졌어. 이것은 '단군 신화'에서도 엿볼 수 있어. 우리나라 최초의 국가인 고조선의 시조 환웅이 세상에 내려올 때 함께 온 것은 우사, 운사, 풍백이란다. 각각 비와 구름, 바람을 뜻하는 것으로 이미 고조선 때도 우리나라는 농경 사회였고 그래서 날씨를 아주 중요하게 여겼다는 것을 알 수 있어.

'어떻게 하면 농사를 더 잘 지을 수 있을까?' 하고 고민하던 조상들은 달의 모양을 관찰해 만든 음력과 태양의 움직임을 이용해 만든 절기를 고루 이용해 농사를 짓는 데 이용했단다.

지금은 농사뿐 아니라 날씨를 이용한 다양한 산업이 발달했어. 또한 날씨에 따라 기분이 들뜨기도 하고 울적해지기도 해. 누구나 경험하는 일이기 때문에 날씨를 잘 알아야겠지?

현직 초등학교 교사인 이 책의 작가는 우리들이 무심히 지나치는 자연 현상에는 모두 과학 원리가 숨어 있다고 해. 특히 날씨 속에 숨은 과학 원리를 알면 과학이 쉽고 재미있게 느껴질 거래.

3학년 1학기에는 기온, 바람, 구름, 비가 각각 무엇이고 날씨에 어떤 영향을 주는지를 배우지. 또 날씨와 우리 생활의 관계를 익히게 되는데, 이때 이 책의 '수증기와 구름' '비가 내리는 원리와 종류' '공기의 흐름, 바람' 부분이 도움이 되겠구나. 또 황사, 태풍, 농작물에 피해를 주는 일기 현상을 읽어 두면 우리 생활과 날씨의 관계를 공부하는 데 도움이 될 거야.

24절기에 대해 알게 될 거야

『맛있는 자연 공부』는 일년 24절기에 따른 자연 현상과 그 안에 숨은 과학 원리를 중심으로 쓴 책이야.

날씨와 절기는 따로 떼어 놓고 생각할 수 없어. 이 책에서 절기와 자연 현상은 찰떡궁합임을 확인할 수 있단다. 예를 들어 농사에 필요한 비가 내리는 절기 '곡우'에 대해 소개할 때 '비가 내리는 원리와 종류'를 설명하고 있어. 또 첫눈이 온다는 절기 '소설'과 '눈이 내리는 원리'를 함께 다루고 있단다.

그런데 절기가 뭘까? 책을 읽다가 모르는 말이 나오면 우선 정확한 뜻을 알고 넘어가야 해. 절기, 음력, 양력이라는 말은 들어 봤지만 정확한 뜻을 잘 모른다면 그 의미를 우선 살펴봐야지.

옛날 사람들은 달의 모양을 보고 날짜를 계산했단다. 이걸 음력이라고 해. 달의 주기를 이용한 음력은 한 달이 29.53일로 날짜가 딱 떨어지지 않아. 달력을 보면 어떤 달은 28일이고, 어떤 달은 30일이거나 31일인 것은 바로 이런 이유 때문이란다. 달의 주기를 계속 사용하게 되면 해가 갈수록 날짜와 계절이 달라진단다.

그래서 음력의 약점을 보완하기 위해 태양의 움직임을 관찰하여 24절기를 만들었지. 태양의 움직임이 360일 정도로 반복되는데 이것을 24등분

하여 약 15일마다 절기를 만든 거야. 24절기는 입춘, 우수, 경칩, 춘분, 청명, 곡우, 입하, 소만, 망종, 하지, 소서, 대서, 입추, 처서, 백로, 추분, 한로, 상강, 입동, 소설, 대설, 동지, 소한, 대한이란다.

6학년 1학기 교과서에서 '계절의 변화'를 공부하는데, 이 책의 '계절이 바뀌는 이유'를 함께 읽으면 '절기'를 이해하기 수월할 거야. 이 책의 흐름은 절기를 따라 이야기가 진행되는데 교과서에서 봄, 여름, 가을, 겨울을 알리는 춘분, 하지, 추분, 동지에 관한 내용만 다루고 있어. 24절기를 고루 배우지 않기 때문에 이 책을 읽으면서 일년 절기를 알아 두면 좋겠구나.

6학년 2학기 교과서를 통해서는 날씨의 변화에 대한 폭넓은 지식을 갖추게 된단다. 일기도 보는 법, 기후 변화에 따른 문제점, 날씨와 관련된 속담까지 골고루 나와 있어. 교과서에서 미처 다루지 못한 내용은 『맛있는 자연 공부』로 보충하렴.

이렇게
읽어 보자!

질문형 문장에 답을 찾아보렴

'책을 읽는다'는 말 속에는 '충분히 생각하며 읽어서 내용을 이해한다'는 뜻이 담겨 있단다. 책을 읽다가 모르는 말이 나오면 무슨 뜻인지 찾아보고, 내용을 이해하기 어렵다면 여러 번 반복해 읽으면서 의미를 생각할 줄 알아야 해. 특히 과학 지식을 전달하는 글은 개념이나 원리를 알고 읽어야만 내용을 이해할 수 있단다. 원리를 알면 전체 내용을 이해하기 쉬워져.

이 책은 날씨 속에 숨은 과학 원리를 찾아가며 읽을 수 있어. 원리를 찾는다는 것은 깊이 생각하며 읽는 걸 의미해. 이때 가장 좋은 방법은 스스로 질문하며 읽는 거야.

'계절은 왜 바뀔까?' '비가 내리는 원리는 뭘까?' '천둥이 치는 까닭은?' '불쾌지수가 뭐지?' 등등 책을 읽다 보면 여러 궁금증을 갖게 된단다. 이때 궁금증에서 머물지 말고 알맞은 답을 생각하며 읽어 봐.

스스로 질문한 내용에 답을 찾으려면 책을 적극적으로 읽게 돼. 또 답을 찾기 위해 집중해서 꼼꼼히 읽게 된단다. 그렇게 읽은 내용은 머릿속에 저장되어 기억 창고에 오래 남게 돼.

이 책에는 반드시 알아야 할 원리를 질문으로 시작하고 있단다. 그래서 굳이 독자 스스로 질문을 하지 않아도 작가의 질문을 자주 받게 될 거야.

'계절이 뭘까?'라는 문장으로 시작했다면 그 이유가 뭘까? 계절의 종류나 특성을 알기 전에 계절의 의미를 먼저 알아야 한다는 걸 강조하고 있는 거야. 이런 질문에 대한 답을 찾다 보면 과학 원리는 누구나 쉽게 찾을 수 있고, 익힐 수 있다는 것을 깨닫게 된단다.

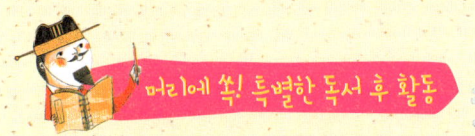

날씨와 관련된 속담을 정리해 보렴

우리 속담에는 날씨와 관련된 것들이 많단다. 사계절이 뚜렷한 나라이기 때문에 속담의 내용도 다양하지. '속담으로 배우는 날씨 과학' 부분을 펼쳐 날씨와 관련된 속담을 정리해 보렴. 그리고 '재미있는 속담', '우리 생활과 관련이 깊은 속담', '알아 두면 편리한 속담'으로 나누어서 몇 가지씩 적어 봐.

흔히 눈이 내리는 날은 무지 추운 날이라고 생각하기 쉬운데 의외로 따뜻하단다. 오죽하면 속담에 "눈 오는 날 거지 빨래한다."는 말이 있겠니? 수증기로 잔뜩 뭉친 구름이 겨울에는 얼음 결정이 되어 내리는 게 눈인데, 눈이 내릴 때 기온이 따뜻할수록 눈송이가 잘 뭉쳐져서 함박눈이 되는 거야.

이 책에는 20개의 속담이 실려 있어. 하지만 날씨와 관련된 속담은 더 많단다. 속담 모음집이나 인터넷 검색 등으로 속담들을 더 찾아봐! 속담은 친구들과 대화를 할 때나 글을 쓸 때 인용하게 되고, 생활에 응용할 수도 있단다.

날씨를 문장으로 표현해 보렴

3, 4학년이라면 날씨를 문장으로 써봐. 일기를 쓸 때 날씨를 그림이나 낱말로 표현하지 말고, 그날의 날씨를 관찰한 뒤 문장으로 써보렴. 날씨를 관찰하는 버릇을 들이면 무엇이든 자세히 살피고 깊이 생각하는 힘이 생긴단다.

5, 6학년이라면 날씨에 대한 사실과 느낌을 주제로 글을 써보렴. 자연 변화에 대해 민감해지고, 이를 바탕으로 사물을 관찰하거나 감정의 변화를 읽는데도 익숙해질 거야.

지구를 숨 쉬게 하는 바람

정창훈 글 | 김진화 그림 | 웅진주니어

바람과 관련된
배경지식을 쌓아 보렴

우리 주변에 늘 있는 바람에 대한 과학 정보뿐만 아니라 자연 현상의 변화로 인한 환경 문제까지 상세히 다루고 있단다. 지구 곳곳을 돌아다니는 바람을 따라 여행을 떠나 보렴. 바람의 종류, 바람이 하는 일 등 바람의 다양한 얼굴을 볼 수 있을 거야.

관련 과학 교과

3학년 1학기 **4단원** 날씨와 우리 생활
6학년 1학기 **3단원** 계절의 변화 | 2학기 **1단원** 날씨의 변화

바람은 공기의 또 다른 이름이야

『지구를 숨 쉬게 하는 바람』의 표지를 보면 살랑살랑 부는 바람이 연상 된단다. 또 책을 읽는 내내 바람이 솔솔 부는 동산이나 언덕에 앉아 있는 느낌이 들어. 본문은 온통 바람의 이미지를 살린 일러스트로 가득해. 그림 으로 표현한 여러 가지 모양의 바람을 감상하다 보면 어느새 바람은 무엇 인지, 그 종류에는 어떤 것들이 있는지 저절로 알 것처럼 느껴질 거야.

바람은 공기와 물처럼 우리 생활과 아주 밀접한 관련이 있어. 바람 때 문에 숨통이 트이기도 하고, 바람 때문에 농작물이나 인명 피해를 입기도 해. 이쯤해서 우리 생활과 밀접한 관련이 있는 바람에 대해 알아보지 않을 수 없겠지?

바람은 기운 센 공기가 이동하면서 생기는 흐름이란다. 즉 공기의 다른 이름이라고 할 수 있지.

바람은 날씨에 영향을 주기 때문에 농민과 어민들의 수확량을 결정짓기 도 해. 풍차를 돌려 관광객들에게 볼거리를 제공하기도 하고 바람을 이용 하여 에너지를 생산하기도 해. 바로 풍력 발전소가 바람을 이용해 전기를 만드는 곳이지. 바람은 이렇게 인간의 생활에 도움을 주는 일도 하지만 때 론 피해를 주기도 해.

여름 장마가 끝날 무렵 우리나라에 찾아오는 불청객 태풍은 많은 비를

몰고 오기 때문에 사람들에게 큰 피해
를 준단다. 세차게 부는 바람 때문에 고깃
배들은 바다에 나갈 수가 없고, 많은 양의 비를
동반하기 때문에 건물이나 집이 빗속에 잠기기도 해. 그래서 바람이 난폭
해졌을 때를 대비하여 사람들은 미리 대책을 세워 두곤 하지.

　그런데 바람은 생물일까? 무생물일까? 이제껏 한 번도 생각해 본 적이
없어서 선뜻 대답하기 어려울 수도 있을 거야. 하지만 이 책을 읽고 나면
명쾌하게 답을 찾아낼 수 있단다. 바람에 대해서는 3학년과 6학년 때 배운
단다. 3학년 때는 바람의 방향과 세기를 조사하는 정도로 그치기 때문에,

바람을 전반적으로 공부하기엔 정보량이 부족해. 3학년 친구들에게 이 책에 나오는 용어는 다소 어려운 감이 있지만, 그림과 함께 차근히 읽어 보면 지식 확장에 도움이 될 거야.

　미리 읽어 두면 6학년 때 이 책을 최대한 활용할 수 있을 거야. 2학기 교과서에서 바람의 원리를 배울 때 이 책의 '바람이 뭐지' 부분을 읽어 보렴.

바람과 관련 있는 인물들도 소개한단다

이 책의 또 다른 볼거리는 바람과 인연이 깊은 인물들이란다. 세계 탐험가 마젤란과 영국의 해군 보퍼트(1774~1857, 보퍼트 풍력 계급을 만든 영국 군인)를 소개하고 있어.

마젤란은 콜럼버스와 바스코 다가마에 이어 세계 일주에 나선 탐험가란다. 마젤란이 성공적으로 세계 일주를 할 수 있었던 것은 바람 때문이었어. 일년 내내 한 방향으로 흐르는 무역풍이 마젤란의 항해를 도운 거야. 마젤란과 그의 동료들을 도운 무역풍이 어디서 어떻게 부는 바람인지 책을 읽고 확인해 보면 되겠구나.

바람과 관련된 또 한 명의 인물은 보퍼트야. 그는 바람의 세기에 따라 등급을 매겨 놓았어. 이렇게 매긴 바람의 등급은 어디에 쓰일까? 바람은 항해하는 데 아주 중요한 역할을 하지. 바람이 마젤란을 탄생시켰듯이 말이야. 배를 띄우거나 비행기를 이륙할 때 바람의 등급을 이용하면 큰 사고를 피할 수 있단다.

예측하며 읽는 방법은 다양해

'물이 없다면 우리 생활은 어떻게 될까?' '불이 없다면 지구는 어떤 모습일까?' '만약 공기가 없다면 어떻게 살아갈 수 있을까?' 등을 한 번쯤 떠올려 봤을 거야. 바람도 마찬가지야. 바람이 없는 세상을 한번 생각해 봐. 과연 어떤 일이 일어날까?

책의 첫 장을 펼치면 '사람들은 늘 바람과 함께 생활해 왔어. 그런데 만약에 바람이 불지 않는다면……' 하는 질문으로 시작하고 있단다. 이때 바로 다음 장을 펼쳐 내용을 읽지 말고 바람이 불지 않는다면 어떤 일이 일어날지 생각해 보는 거야. 그런 뒤 다음 장을 펼쳐 자신이 생각했던 내용과 비교해 봐. 어떤 차이가 있는지 확인하느라 읽는 재미에 폭 빠질 거야.

본문의 가장 처음엔 '바람이 뭐지?'로 시작하는구나. 그렇다면 다음 장을 펼치기 전에 '바람이 무엇일까?' 혼자 미리 생각해 보렴. 그동안 알고 있었던 지식에 새로운 생각을 보태도 좋아. 바람에 대해 한 번도 생각해 본 적 없는 친구라도 걱정할 것 없어. 지금부터 생각해 보면 되니까.

'바람은 어떤 일을 할까?' 이 질문에 여러 가지 경험을 떠올려 보렴. 모래성을 쌓아 두고 시간이 지나면 바람결에 모래알이 한 알 한 알 실려 가는 걸 볼 수 있을 거야. 바람이 심하게 부는 곳에서는 모래성도 쌓을 수가 없겠지. 모래성보다 더 큰 산이나 바위도 바람에 깎여 형태가 바뀌는 경우도 많단다.

본문을 읽기 전에 미리 내용을 예측하는 읽기 방법은 호기심을 충족시켜 주고 읽기에 흥미를 가질 수 있도록 해 준단다.

이처럼 책을 읽을 때 여러 가지 방법을 동원하면 이해하기 훨씬 쉽단다. 책을 읽기 전에 제목을 보고 내용을 떠올려 본다거나, 책을 읽으면서 다음에 나올 내용들을 미리 예측해 보는 일, 다 읽은 뒤에는 전체 내용을 단 몇 줄로 요약하여 정리해 보거나 생활 속에 적용해 보는 일들이지.

중요한 용어는 꼭 알고 넘어가도록 해

본문 중간 중간에 내용 이해를 돕기 위해 그림과 간단한 실험이 소개되어 있어. 실험 역시 그림으로 표현해 놓아 이해하기 쉽단다. 그림은 내용을 이해하기에 도움을 주는 것은 물론 과학 원리를 설명하는 용어를 이해할 때도 도움이 된단다.

반드시 알아 두어야 할 용어는 굵은 글씨로 표시되어 있으니 그것만은 꼭 알아 두렴. 과학책을 읽을 때 용어의 뜻을 파악할 수 있어야 책의 전체 내용을 이해할 수 있다는 것쯤은 이제 다 알 거야.

'야무진 백과'에는 본문의 중요한 정보를 요약해 놓았어. 바람을 이해하는데 필요한 용어 설명이 되어 있지. 그동안 읽은 내용을 다시 확인하여 오래도록 기억할 수 있단다.

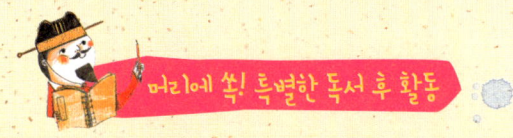

실험 후에는 실험 일지를 써보렴

과학 공부를 효율적으로 하는 방법은 '실험'을 하는 거야. 이 책에는 간단한 실험으로 바람을 이해할 수 있는 방법이 몇 가지 소개되어 있어.

누구나 손쉽게 구할 수 있는 페트병으로 공기의 힘 측정하기, 무역풍의 방향을 이해하기 위한 팽이 돌리기, 주전자에 물을 끓여 구름이 만들어지는 원리 관찰하기 등 친구들과 실험을 해본 뒤 실험 일지를 써보렴.

실험 일지를 쓸 때는 실험 제목과 목적을 쓰고, 실험에 쓰인 도구와 관찰 내용을 상세히 쓰는 거야. 이때 그림이나 사진을 곁들이면 실험 내용을 더 구체적으로 표현할 수 있단다.

이번 기회에 우리나라의 대표적인 풍력 발전소도 한번 찾아보렴.

별가족, 태양계 탐험을 떠나다

김지현 글 | 김주경 그림 | 토토북

신비로운 태양계로 탐사를 떠나 보자

재범이네 가족과 함께 떠나는 태양계 탐험 이야기야. 여행 이야기뿐만 아니라 재범이의 그림일기, 여러 행성 사진이 함께 실려 있어서 보는 재미가 쏠쏠하단다. 수성, 금성, 화성, 목성, 토성 등 여러 행성에 대해 잘 알려져 있지 않은 신기하고 흥미로운 사실들을 알 수 있을 거야.

관련 과학 교과

5학년 **1학기** **1단원** 지구와 달 **2학기** **4단원** 태양계와 별
6학년 **1학기** **3단원** 계절의 변화

무한한 상상력의 세계로 안내해 준단다

"기차가 어둠을 헤치고 은하수를 건너면 우주 정거장엔 햇빛이 쏟아지네."

기차를 타고 우주를 여행하는 만화 영화 〈은하철도 999〉의 주제곡이란 다. 기차로 은하를 여행할 수 있다는 상상력은 어디서 나왔을까? 외계인 과 지구 소년의 우정을 그린 스티븐 스필버그의 공상 과학 영화 〈ET〉의 탄생 배경은 무엇일까? 모두 우주에 대한 인간의 호기심과 상상력에서 비 롯된 거란다.

『별가족, 태양계 탐험을 떠나다』 역시 우주선을 타고 태양계 탐험을 떠 나는 상상력이 돋보이는 판타지 이야기란다.

예로부터 인간은 밤하늘의 별을 보며 우주를 동경해 왔어. 미지의 세계 에 뭐가 있을까 하는 궁금증이 상상력을 낳았고, 이 상상력은 외계인이 사 는 세상을 만들어 냈어. 이는 만화와 영화 그리고 소설이나 동화로도 만들 어졌단다.

하지만 우주는 이제 더 이상 상상의 세계가 아니야. 인간은 이미 지구 밖 여러 행성을 탐험했고 달을 탐사하기도 했지. 우리나라 역시 아시아 최초 의 여성 우주인 이소연 박사를 탄생시킬 만큼 하루가 다르게 우주 개발 기 술이 발전하고 있어. 인간의 상상력이 과학 기술을 발전시키는 원동력이 된 거야.

태양계의 종류와 특징을 알 수 있어

지구의 하늘은 푸른색인데, 우주 공간은 어떤 색일까? 별들의 집합체이니 반짝반짝 빛이 나서 화려하지 않을까? 그런데 생각 외로 우주는 아주 깜깜한 어둠이란다. 우주여행은 바로 어둠 속에서 저 멀리 빛과 열을 뿜어내는 행성을 찾아 탐험하는 거야.

『별가족, 태양계 탐험을 떠나다』는 별을 좋아하는 가족이 태양계를 여행한다는 상상력이 돋보이는 책이야. 별에 관심이 많은 아빠와 엄마, 그리고 우주 과학자의 꿈을 가진 초등학생 재범이와 동생 솔이가 별을 탐험하는 이야기란다.

'별가족'이라는 별명을 가진 이들은 별에 대한 관심만 있다면, 장소에 구애받지 않고 어디서든 별에 대한 호기심을 충족시킬 수 있다는 걸 알려 주고 있어. 예를 들면 냉장고 안에 있던 각종 과일을 꺼내 놓고 태양계 행성들의 크기와 특징에 따라 나열하는 법과 사과를 반으로 잘라 지구 내부 구조와 비교하는 법을 알려 준단다.

제목에서도 알 수 있듯이 태양계를 중점적으로 다룬 책이다 보니, 태양계의 종류와 그 특징들에 대해 낱낱이 소개해 놓았어. 이 모든 것은 주인공 재범이의 그림일기 속에 담겨 있단다. 재범이의 그림은 너희들의 그림처럼 친숙할 거야.

218

사과의 반을 잘라서 가장 안쪽에 있는 씨는 내핵, 씨를 둘러싼 부분은 외핵, 상큼하고 맛있는 사과는 맨틀, 사과 껍질은 지각으로 표시한 재범이의 그림일기를 보렴. 지구의 내부 모습과 흡사하구나.

재범이의 그림일기 외에도 책에는 행성이나 위성의 사진들을 실어 놓았어. 대기로 덮인 금성과 레이더로 촬영한 금성의 모습을 비교할 수 있고, 화성에 물이 있던 흔적을 촬영한 사진도 실려 있어. 물이 있었다는 점 때문에 화성 탐험에 사람들이 많은 관심을 갖는다는 사실은 알고 있지? 또 목성을 둘러싸고 있는 다양한 위성들을 촬영한 사진까지 두루두루 볼 수 있단다.

핵심 용어를 꼭 알아 두렴

과학 지식을 설명하는 책을 읽을 때는 특히 과학 용어를 정확히 알아야 해. 이 책은 개념어를 중심으로 글의 전체 내용을 이해하도록 핵심어를 크고 굵은 글씨로 강조해 놓았단다. 눈에 띄니까 되새기며 읽는 데 도움이 될 거야.

어떤 학교의 과학 선생님은 학생들이 과학을 어려워하자, 한자어로 된 용어들을 공부시키기로 했단다. 과학 용어의 한자 뜻을 되새기며 공부를

시켰더니 학생들이 한결 과학책을 수
월하게 읽더라는 거야. 결국 아이들은 과학을 좋아
하는 과목으로 여기게 됐대. 용어 학습의 중요성을
말해 주는 좋은 예란다.

그렇다면 이 책에서 중요하다고 큰 글씨로 표시한 용어들을 공부해 보자꾸나. '행성'과 '항성'이라는 용어가 나오면 그 글자의 앞뒤 부분을 잘 읽어 봐. '행성'은 태양 주위를 계속 도는 떠돌이별이라고 되어 있고 '항성'은 태양처럼 덩치도 크고 스스로 빛을 내는 별이라고 되어 있지? 용어의 앞뒤를 잘 살펴보면 대부분 그 뜻이 설명되어 있는 경우가 많단다. 그 문장에 줄을 긋거나, 공책에 적어 정리해 두는 게 좋아. 간혹 용어 풀이가 안 되어 있거나 설명이 부족하다고 생각될 경우엔 백과사전을 찾아 보충하렴.

고과서와 연결해 읽는 습관을 가지렴

　이 책은 4학년이면 충분히 읽을 수 있는 정도의 수준인데, 학교에서는 5학년 때 지구와 달, 태양계와 별을 배운단다. 그러니 4학년 때 이 책을 읽어 두면 5학년 과학 시간이 즐겁겠지? 하지만 5학년 때 읽는다고 하여 늦는 것은 아니야. 오히려 학교에서 태양계를 배울 때 교과서와 이 책을 함께 읽으면, 수업이 더 잘 이해된단다.

　5학년 1학기 '지구와 달' 단원을 배울 때에는 달 표면의 모습을 설명하라고 하는데, 이때 이 책의 '달에 가보자'에 담겨 있는 사진

자료를 참고하면 더 구체적으로 설명할 수 있단다. 이 책의 진가는 5학년 2학기 때 '태양계의 구성과 태양이 지구에 미치는 영향을 알아볼까요?'를 공부할 때 발휘된단다. 태양계 행성의 종류와 특징을 정리하는 데 큰 도움을 주지.

과학 용어가 어렵고 과학 자체가 싫은 친구들이 있다면 태양계를 이해하는 또 다른 방법을 알려 줄게. 천체에 관련된 책이니만큼 여러 가지 자료를 동원해 이해하는 방법이란다. 이 책에 나온 그림이나 사진, 재범이의 그림일기도 좋지만, 문구점이나 서점에서 판매하고 있는 다양한 천체 사진을 보는 것도 큰 도움이 된단다. 대부분 위성에서 촬영한 사진이나 그 사진을 바탕으로 제작한 그림들이기 때문에 비교적 정확해.

태양계 행성의 종류를 나타낸 자료, 행성의 특징을 소개한 자료, 천체를 이루는 항성과 행성, 혜성과 은하 등을 다룬 자료들을 꼼꼼히 살펴보렴. 물론 집에 있는 백과사전이나 우주 과학을 다룬 동영상도 좋아. 행성이나 항성의 크기와 무게, 성분까지 상세히 알려 주는 자료가 많단다. 용어도 어렵고 내용도 딱딱하게 느껴진다면 눈으로 사진이나 그림을 충분히 익혀 두렴. 이렇게 친숙해진 그림 자료는 어느덧 너희들의 머릿속에 자리 잡고 있다가 책을 읽을 때 배경지식으로 활용된단다.

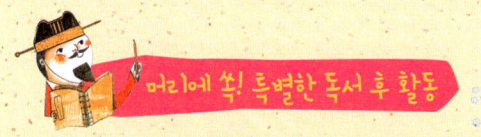

핵심어를 정리해 보렴

지식을 전달하는 책에서 중요한 정보를 잘 골라낼 수 있다면, 과학처럼 새로운 지식들을 학습해야 하는 과목을 공부할 때 아주 유리해.

태양계는 태양을 중심축으로 해서 수성, 금성, 지구, 화성, 목성, 토성, 천왕성, 해왕성이 공전하는 것을 말하지. 행성을 순서대로 기억해 내는 일은 그리 어렵지 않아. 행성의 이름뿐만 아니라 각각의 특징까지 알면 우주 과학자가 부럽지 않을 거야. 행성의 특징을 알기 위해 중요한 정보만 골라 기억하는 방법을 알아보자꾸나.

책을 읽으며 태양계 이름을 순서대로 종이에 적은 뒤 각각의 특징을 낱말로 정리해 보렴. 중요한 용어를 가려낸 뒤 책을 다시 읽으면서 행성의 특징을 짧게 요약하는 거야. 핵심어를 통해 중요한 정보를 기억하게 되고 내용을 요약하면 책 전체 이야기를 재구성하게 되므로, 읽은 내용을 잘 이해하고 있는지 확인할 수 있단다.

핵심어	핵심어를 보고 요약하기
지구, 46억 년, 지구의 구조 핵, 6000℃, 맨틀 그레이트배리어리프, 나일강	지구는 46억 년 전에 탄생했다. 지구 구조는 내핵–외핵–맨틀–지각으로 되어 있으며, 핵은 지구의 한가운데로, 온도가 6000℃이다. 맨틀이 움직이면 지진이나 화산 활동이 생긴다. 지구에서 가장 가장 유명한 산호 바다는 그레이트배리어리프이고, 가장 긴 강은 나일강이다.
토성, 무게, 고리, 얼음, 먼지, 타이탄, 엔셀라두스, 히페리온, 마마스	가스로 이루어져 있어 물에 뜰 정도로 가볍다. 토성의 아름다운 고리는 얼음과 돌멩이, 먼지로 이루어져 있다. 토성의 위성은 타이탄, 엔셀라두스, 히페리온, 마마스 등이다.

세계 어린이가 함께 보는 태양 이야기
미셸 미라 퐁스 글 | 마크 부타방 그림 | 영교출판

태양에 대해
얼마나 알고 있니?

항상 곁에 있지만 태양에 대해 알고 있는 정보는 그리 많지 않단다. 물과 공기의 중요성을 잘 느끼지 못하는 것처럼 말이야. 태양과 관련된 다양한 지식과 함께 태양은 지구에 있는 모든 생명체들이 살아가는 데 꼭 필요한 소중한 존재란 걸 기억해 두렴.

관련 과학 교과

3학년 1학기 **4단원** 날씨와 우리 생활
5학년 1학기 **1단원** 지구와 달 | 2학기 **4단원** 태양계와 별
6학년 1학기 **3단원** 계절의 변화

이 책은 왜 읽어야 할까?

지구 생명체에게 태양은 아주 중요해

태양은 예로부터 숭배의 대상이었어. 태양의 존재를 전지전능하며 영원하다고 믿은 세계 여러 민족에게 태양은 우주의 중심이었고, 관심의 대상이었지. 이러한 사실은 태양에 얽힌 세계의 여러 신화와 전설, 종교를 통해 알 수 있단다.

오늘날에는 태양의 빛과 열을 이용해 엄청난 양의 에너지를 개발할 수 있다는 것을 알아낸 사람들이 태양열을 이용해 에너지를 생산하는 데 관심을 쏟고 있단다. 수력이나 풍력 발전소도 모두 태양열과 직접 관련이 있는 에너지원이지. 하나뿐인 태양에 전 세계인의 생명이 달려 있다고 해도 무방할 거야.

반면 따사로운 햇살을 무한정 비춰 줄 것 같은 태양도 폭풍이 일어나면 아주 무섭게 변한난다. 특히 이 책에서는 태양의 악영향도 소개하는데, 가장 우리의 피부에 와닿는 것이 자외선으로 인한 피해란다. 한여름 뙤약볕에 피부 화상을 입어 본 사람은 잘 알 거야. 책에서 자외선으로부터 피부를 보호할 수 있는 방법을 꼼꼼히 읽으면 해수욕장에 가기 전에 예방법을 알 수 있단다. 이 책으로 태양이 주는 이로움은 물론 그 피해도 알아보자꾸나.

『세계 어린이가 함께 보는 태양 이야기』는 초등학교 3학년 이상이면 쉽게 읽을 수 있어. 간혹 어려운 용어가 나오지만, 서서히 정보글에 익숙해

지려면 이런 책쯤은 읽어 둘 필요가 있어.

태양은 날씨에 큰 영향을 주기 때문에 3학년 '날씨와 우리 생활' 단원을 배울 때 바탕 자료로 활용할 수 있단다. 5학년 '지구와 달'과 '태양계와 별' 단원과도 밀접한 관련이 있어.

태양에 대한 정보가 가득해

『세계 어린이가 함께 보는 태양 이야기』는 3~4학년도 충분히 읽을 수 있는 책이야. 태양이 무엇인지부터 태양이 하는 일, 태양과 관련된 신화와 풍습 등 태양과 관련해 다양한 정보들을 알려 줘.

중간 중간 그림도 섞여 있어 글을 읽는 재미를 더해 주고 있단다. 그림은 글을 이해하는 데 큰 도움을 주기도 하지만 그 자체만으로도 흥미를 유발해 책을 읽고 싶은 마음을 불러일으키거든.

책의 끝부분에는 '퀴즈'가 마련되어 있어서 책을 읽은 뒤 태양에 대해 얼마나 알게 되었는지 확인해 볼 수 있어. 퀴즈에 모두 답할 수 있다면 책을 아주 잘 읽은 거란다.

퀴즈를 다 풀고 나면 '단어 풀이' 코너가 있는데, 책을 읽다 모르는 용어가 있으면 여기서 알고 지나갈 수 있단다. 잘 모르는 용어에 대한 풀이뿐 아니라 관련 설명을 상세하게 덧붙여 놓았어.

책을 읽는 목적을 먼저 생각해 보렴

동화를 읽을 때와 과학책을 읽을 때의 마음이 어떤지 각각 떠올려 보렴. 책을 읽기 전 표지를 보면서 드는 생각은 사뭇 다를 거야. 책을 읽는 목적에 따라 마음가짐도 달라지고, 읽는 방법도 달라지기 마련이지.

아름다운 내용이 담긴 동화를 읽을 때 신경을 곤두세워 낱말 하나하나를 기억해 가며 읽는 친구들은 없겠지? 하지만 지식을 전달하는 과학책이나 사회와 역사책을 읽을 때는 어떨까? 책을 고를 때부터 여러 가지 고민을 하게 된단다.

알고 싶은 주제와 관련 있는지, 수준에 맞는 책인지 등을 고려하게 되지. 책을 고른 뒤 읽기 시작하면서 전체 흐름도 알아야 하지만 무엇보다도 책에서 전달하려는 주된 지식을 기억하려고 할 거야. 이게 바로 지식책을 읽는 목적이기 때문에 독자는 개념이나 원리를 설명하는 부분을 자세히 봐야 한단다.

간혹 어렵고 딱딱한 용어가 나오면 재미가 없다 보니 점점 과학책 읽기를 멀리하는 친구들이 생기기도 해. 하지만 책을 읽고 알게 된 배경지식은 또 다른 책에서 얻은 새로운 지식과 더해진단다. 그러면 두뇌에 저장되는 지식이 점점 풍부해지기 때문에 책을 많이 읽을수록 아는 것이 많아지고 똑똑해지는 거란다.

『세계 어린이가 함께 보는 태양 이야기』는 어떤 친구에게는 태양에 대한 새로운 지식을 줄 것이고, 또 어떤 친구에게는 이미 알고 있는 지식에 또 다른 지식을 더해 주는 책이 될 거야.

스스로 질문하고 답을 하며 읽어 봐

지식을 확장하는 아주 좋은 방법이 있단다. 바로 책을 읽으며 스스로 질문하고 그 질문에 답변하는 거야. 책을 읽고 모르는 내용이나 더 알고 싶은 점을 질문해 봐. 질문은 머릿속에 그려도 되고, 종이에 적어

도 된단다. 스스로 던진 질문
은 머릿속에 남기 마련이거
든. 그리고 책을 읽다 보면
답을 찾을 수 있어. 그런데
이 책의 차례를 보면 친절하
게도 질문이 이미 만들어져 있
어. 아마도 차례에 나온 질문의
답만 찾아도 궁금증이 모두 해결
될 거야.

'태양이 뭐예요?'라는 질문이 있다면 본문을 읽기 전에 태양에 대해 알고 있었던 점들을 나열해 봐. 말로 해도 좋지만 되도록이면 종이에 적어 보려무나. 몇 개나 적었는지 헤아려 본 뒤 책을 읽고 정보를 더 확장해 나가는 거야.

'낮과 밤은 왜 생길까?' '계절은 왜 생길까?' '자외선이 얄미운 까닭은?' 등의 질문 옆에 이미 알고 있는 것들을 적어 봐. 그리고는 책에서 정확한 과학 정보를 찾아 적으면 확실하게 자기 지식으로 만들 수 있어.

책을 읽으면서 질문을 하고, 질문 옆에 답을 적는 것은 가장 적극적인 읽기 방법이란다. 적극적으로 읽으려면 집중을 해서 읽게 되고, 이를 반복하면 깊이 생각하며 읽는 습관이 생긴단다. 깊이 생각하며 읽다 보면 사고력이 쑥쑥 자랄 거야. 사고력이 높은 사람은 스스로 공부할 수 있는 능력을 갖게 된단다. 책을 읽으며 스스로 질문을 던지고 그 질문에 답을 할 줄 아는 적극적인 독자가 되어 보렴.

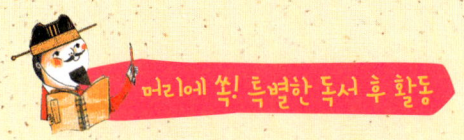

과학 정보를 표로 정리해 보렴

책에서 읽은 태양과 관련한 정보를 표로 만들어 정리해 보려무나. 과학 정보를 정리하는 습관을 들이면 학습 효과가 높아진단다. 정보를 정리하면서 다시 한 번 머릿속에 저장이 되고, 이를 과학 노트로 만들어 두면 관련 단원을 배울 때 찾아보기도 좋아. 책장에서 책을 꺼내 여기저기를 뒤적거리는 것에 비해 핵심 정보가 정리된 노트를 펼치는 게 훨씬 효율적이겠지?

이 책의 과학 정보를 정리하는 방법은 아주 간단해. 우선 주제를 대표하는 큰 개념부터 적어 봐. 예를 들면 태양의 탄생, 태양을 구성하는 것들, 자전, 공전, 빛의 종류 등을 나열해 놓은 뒤 그에 따른 하위 정보를 적는 거야.

큰 개념	구체적인 과학 정보
탄생	약 45억 년 전
구성	헬륨, 수소 등 여러 가지 가스
자전	지구가 하루에 한번 시계 반대 방향으로 도는 것 태양 빛을 받는 쪽은 낮, 반대 방향은 밤
공전	지구가 1년 동안 태양 주위를 도는 것 태양 빛의 양과 세기에 따라 계절이 바뀐다.
오존층	
빛의 종류	
이로운 점	
신화, 풍습	
피해	

나머지는 너희가 채워 보렴.

화석이 맺어 준 우정

맥밀란교육연구소, 내시 크래머 글 | 이인숙 그림 | 을파소

화석은 인류 탄생 이전의
지구 역사를 알려 준단다

화석에 관심이 많은 12살 켈리의 꿈은 근사한 화석을 발견해 자기 이름
을 붙이는 것이란다. 친구들과 멋진 화석 찾기에 도전하는 켈리는 과연 자기
이름을 붙일 화석을 찾을 수 있을까? 화석 박사답게 화석에 대한 모든 정보를 정리
해 둔 '켈리의 과학 노트'를 잘 살펴보렴.

관련 과학 교과

4학년 2학기 2단원 지층과 화석

45억 년 지구 역사를 어떻게 알아낼까?

지구의 탄생 이후 수많은 생물이 나타났다가 사라지기를 반복했단다. 인류가 탄생하기 이전에도 지구는 존재했고, 문자가 없어 기록을 남기지 못하던 시대에도 지구는 생명 덩어리였어. 기록이 없는 시대를 선사 시대라고 하는데, 선사 시대보다 훨씬 앞선 시대를 지질 시대라고 해.

우리는 위대한 과학자들 덕분에 지질 시대에 발생했던 일들도 알게 됐단다. 참으로 신기한 일은 기록도 없는 아주 오래전 일을 어떻게 알아냈을까 하는 점이야. 도대체 지구의 역사는 어떤 사람들이 알아내는 걸까?

지구와 우주를 과학적으로 연구하는 학문을 지구 과학이라고 해. 지구 과학은 또 여러 분야로 나뉘는데, 그중 하나가 지질학이란다. 지질학자들은 지구의 표면을 둘러싸고 있는 토양과 암석을 연구하지. 지질학자들은 지층에서 발견되는 화석을 연구하곤 한단다.

화석은 '땅에서 파낸 기묘한 물건'이라는 뜻을 가진 라틴어에서 유래된 말이야. 『화석이 맺어 준 우정』을 읽으며 화석이 무엇인지, 어떻게 만들어지고 발견되는지 살펴보려무나. 그럼 우리도 지질학자를 꿈꾸는 주인공 '켈리 포어맨'과 함께 화석 탐험을 떠나 볼까?

화석이 어떤 과정을 거쳐 만들어지고 어떻게 발굴되었으며 어디에 가면 볼 수 있는지 등은 4학년 2학기 때 배우고 있어. 화석을 알기 위해서는 화석이 묻혀 있는 지층이나 암석을 알아야 해. 그래서 교과서와 이 책에서는 화석을 찾을 수 있는 퇴적암을 가장 먼저 소개하고 있어.

책에서는 화석의 생성 과정과 화석을 볼 수 있는 박물관도 소개하고 있어. "아는 만큼 보인다."는 말이 있지. 과학관이나 박물관에 가기 전에 교과서와 함께 『화석이 맺어 준 우정』을 통해 화석의 기원, 종류, 생성 과정 등을 미리 읽고 가면 이미 알고 있는 것에 새로운 지식이 보태져 화석 박사가 되어 돌아오게 될 거야.

이 책은 초등학교 3학년 친구들이 읽어 두면 4학년 교과서에서 화석을 배울 때 배경지식으로 활용할 수 있을 거야. 이미 내용을 다 아는 5,6학년 들이라면 내용을 한 번 더 복습해 두려무나.

화석에 대한 정보를 꼼꼼히 담았어

이 책은 가장 먼저 등장인물을 소개하면서 이야기를 시작하고 있어. 읽기 전에 인물들의 특성을 알면 인물 개개인에 기대감을 안고 독서를 하게 된단다. 독자가 인물의 성격을 알고 있으면 동화를 읽는 속도가 빨라지지. 화석에 관심이 많은 주인공 켈리와 그녀의 친구들이 화석 발굴 현장에서 좌충우돌 겪는 일들이 흥미진진하게 펼쳐진단다.

이 책 역시 과학 지식을 담은 책이기 때문에 생소한 용어가 있기 마련이야. 책을 읽다가 '용각류' '흔적 화석' '몰드'와 같은 어려운 낱말이 나오면 뜻을 몰라서 책을 읽다가 잠시 멈추게 되는데 읽기에 집중하도록 핵심어를 풀어 놓았단다. 본문에서 핵심어는 굵은 글씨로 나타내고, 아래쪽에 용어에 대한 설명을 풀어서 읽기에 방해받지 않도록 배려했어.

또 켈리는 '켈리의 과학 노트'를 통해 직접 기록한 과학 노트를 공개하고 있어. 화석이 만들어지는 과정, 화석의 종류, 공룡의 세계 등을 꼼꼼하게 정리해 두었단다. 켈리의 과학 노트는 본문에서 설명한 것들을 다시 요약하고 정리한 것이니까 본문에서 놓친 정보가 있는지 다시 확인해 보려무나.

화석 이야기 책답게 찰스 라이엘(1797~1875, 지질학의 아버지)의 지질 시대에 대한 설명을 끝 부분에 덧붙였단다. 변호사였던 그는 유럽의 여러 나라를 방문할 기회가 많았는데, 지역마다 땅의 생김새가 다르다는 점이 무척이나 신기했던 모양이야. 땅에 호기심을 가졌던 그는 특히 화산 활동에 관심이 많았대.

라이엘은 결국 변호사 일을 그만두고 지질학 연구에 매진했단다. 뒤늦게 자기가 좋아하는 일을 찾게 된 셈이지. 그는 유럽과 미국의 특징적인 지형을 직접 탐사하여 정리한 책 '지질학의 원리'를 펴내 후대의 지질학 발전에 큰 영향을 끼쳤어.

『화석이 맺어 준 우정』은 문학 체험과 과학 지식을 동시에 경험할 수 있는 책이야. 과학책이라는 느낌보다는 이야기책이라는 생각이 들지만 화석에 관해서는 이 한 권으로 깔끔하게 정리할 수 있고, 지질학이 무엇인지도 새롭게 알 수 있단다.

지식을 내 것으로 만드는 특별한 읽기법

지식을 습득할 때 직접 겪은 일과 연결시키면 이해하기 쉽단다. 집에서 장수풍뎅이를 길러 본 친구는 과학 교과서에서 동일한 장면을 봤을 때 다른 내용보다 유심히 보게 될걸? 누구나 자기가 경험한 일과 관련된 일에는 더 관심을 갖기 마련이야.

책에 있는 지식을 내 것으로 만드는 방법은 아주 다양해. 이 책에는 지질 시대의 주인공인 공룡이 등장해. 한때 공룡의 매력에 빠져 보지 않은 친구들은 많지 않을 거야. 이미 알고 있는 공룡에 대한 지식과 이 책에 담긴 공룡에 대한 새로운 지식을 견주어 봐. 이미 알고 있던 내용을 확인하는 기회가 되면서 동시에 머릿속엔 새로운 지식이 덧붙는 거야.

우리나라에서 가장 큰 섬으로 아름다운 자연 경관을 보기 위한 관광객의 발길이 끊이지 않는 섬, 제주도를 알고 있겠지? 제주도의 '화산섬과 용암 동굴'은 유네스코 세계 자연 유산으로 등재되어 있단다. 제주도 화산 지형은 독특한 생태계를 지니고 있어서 세계 자연 유산으로서 충분한 가치를 뽐내고 있지. 이 지역은 세계적인 지질학자들이 직접 방문해서 더욱 유명해졌다는구나. 세계적인 지질학자들이 인정한 곳이라고 하니 괜히 어깨가 으쓱해지는걸? 화산 지형을 공부할 때 제주도 지형과 연관을 짓는다면 훨씬 친숙하게 느껴질 거야.

마찬가지로 화석을 공부할 때 우리나라 전라도, 경상도 일대에서 발견된 공룡 발자국이나 공룡 화석을 연결 지어 봐. 화석 박물관이나 전시관에서 본 화석을 머릿속에 떠올리면 훨씬 이해하기 쉬울 거야. 켈리처럼 호기심을 갖고 주변에서 화석을 찾아보려고 한다면 일상이 얼마나 흥미롭겠니?

화석 박물관에 갈 계획이라면, 출발 전에 반드시 이 책을 읽으렴. 그 밖에 또 다른 책이나 사진을 보고 배경지식을 넓힌 뒤에 가도 좋아. 아는 게 있으면 체험 활동에 좀 더 적극적으로 참여하게 되고, 그러다 보면 또다시 더 많은 것들을 알게 될 거야.

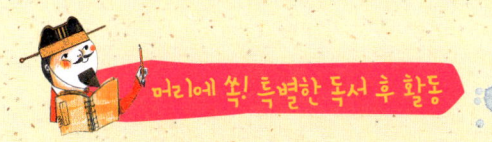

나만의 과학 노트를 만들어 보렴

동화와 과학 정보가 함께 담긴 책을 읽을 때는 정보인 것과 아닌 것을 구분해서 읽어야 해. 최근에는 딱딱하고 어려운 과학 지식을 재미있게 읽도록 동화 형식으로 꾸민 책을 많이 만들고 있단다. 이 책도 그중 하나야.

그런데 문제는 동화는 재미있게 읽으면서 그 안에 담긴 과학 지식은 제대로 얻지 못하고 책을 덮는 경우가 많다는 거야. 과학 지식을 습득하지 못했다면 완벽한 읽기를 했다고 할 수 없겠지?

이 책을 읽은 후 '켈리의 과학 노트'처럼 나만의 과학 노트를 만들어 보렴. 이 책에 나온 정보들을 모아 노트를 만들어 두고, 교과서에서 관련 단원을 배울 때 화석에 대한 모든 것을 정리해 보는 것도 좋겠구나.

과학 노트를 만들 때는 가장 먼저 알맞은 크기의 노트를 준비해야 해. 노트는 너무 크지 않은 게 좋아. 체험 학습이나 현장 학습을 갈 때 유용하게 쓰도록 들고 다니기 편리해야 하니까.

우선 노트에 정리할 내용을 질문으로 만들어 보렴. 화석이란 무엇인가? 화석의 생성 과정은? 화석의 종류와 각각의 특징은? 세계 곳곳의 어느 지역에 어떤 화석이 발굴되었나? 우리나라에서 화석이 발굴된 곳은 어디이며, 어떤 화석이 발굴되었나? 등등 여러 가지일수록 좋겠지? 그 질문에 해답을 찾아 정리하고 사진이나 그림 자료를 붙이면 나만의 과학 노트가 된단다.